Das andere
Mecklenburg-Vorpommern

Ein Wegweiser von „Aalbude" bis „Zepelin"

Wolf Schmidt

WOLF SCHMIDT

DAS ANDERE MECKLENBURG-VORPOMMERN

Ein Wegweiser von „Aalbude" bis „Zepelin"

Bibliografische Information der Deutschen Nationalbibliothek: Die Deutsche Nationalbibliothek verzeichnet diese Publikation in der Deutschen Nationalbibliografie; detaillierte bibliografische Daten sind im Internet über dnb.dnb.de abrufbar. Die automatisierte Analyse des Werkes, um daraus Informationen insbesondere über Muster, Trends und Korrelationen gemäß §44b UrhG („Text und Data Mining") zu gewinnen, ist untersagt.

Autor
Dr. Wolf Schmidt

Herausgeber
Mecklenburger AnStiftung
Lübsche Str. 116
23966 Wismar
wegweiser@anstiftung-mv.de
www.anstiftung-mv.de

Herstellung und Verlag:
BoD - Books on Demand, Norderstedt

ISBN: 978-3-7583-1868-9

Inhalt

Ein anderes Mecklenburg-Vorpommern?

Zur Einführung

Mecklenburg und Vorpommern, wie man das Doppelland nicht aus Reiseführern, Geschichtsbüchern oder Landeskunden kennt, darum geht es hier. Dieses Buch wagt eine Expedition in das Geheimnisvolle, Skurrile, Irritierende und Missverständliche des Nordostens.

Was hat der Ort Benzin mit dem Treibstoff zu tun, was Wedekinds Hure mit Ludwigs Lust und wieso gab es Bluetooth an der Ostsee schon vor über 1.000 Jahren? Wie ist genau der Zusammenhang zwischen Fischdose und Archäologie, Maikäfer und Pommern oder Pommes und Pommern? Und wie kommt die südafrikanische Strelitzie zum Namen slawischer Bogenschützen in Mecklenburg?

Endlich aufgearbeitet wird hier die Mecklenburger Verwandtschaft Loriots, der Anteil des Teufels am Landschaftsbild des Nordostens und die Grundsatzfrage nach dem Glück zwischen Schaalsee und Oder. Auch die Bezüge zwischen Mecklenburg und der Schweiz, das Kretische an Rügen oder kulinarische Untiefen kommen nicht zu kurz. Selbst wie das Land zu besingen ist, soll nicht unterschlagen werden.

Man sieht, es geht um wirklich wichtige Themen, die viel über Mecklenburg-Vorpommern verraten und zugleich weit, sehr weit, darüber hinausweisen. Eine augenzwinkernde Expedition mit Sinn für Ironie des Faktischen. Sorgfältig recherchiert, erfährt der Leser nicht selten auf den ersten Blick Nebensächliches, das aber Erkenntnis über Land und Leute fördert. Ein Land erschließt sich auf Seiten- und Umwegen eben besser als auf Autobahnen.

Viel Spaß beim Ausflug in das andere Mecklenburg-Vorpommern!

Dr. Wolf Schmidt
Dobin am See, Frühjahr 2024

Aalbude

Ortsteil der Gemeinde Dargun,

Postleitzahl 17159

Aalsuppe nach Art des Hauses, Räucheraal, Aal gebraten oder hausgemachtes Aalsauer – das bietet das Restaurant Aalbude im gleichnamigen Ort. An der historischen Grenze zwischen Mecklenburg und Pommern, wo die Peene den Kummerower See verlässt, ist der Ort seit 1697 nachgewiesen. Hier siedelten seit dem 14. Jahrhundert Aalfischer. Mit Aalwehren fingen sie die extrem fetten Fische aus dem Fluss. Für Wasserfahrzeuge mussten sie die Wehre öffnen. Zoll wurde hier bis ins 19. Jahrhundert erhoben. Das 1893 gebaute Fährhaus bot auch Raum, Durchreisende auf Cholera zu untersuchen (▶ Weltuntergang).

Mecklenburg hat es nur zu einer kleinen Aalbude gebracht. Dänemark dagegen brüstet sich mit einer großen Aalburg, nämlich Aalborg am Limfjord zwischen Nord- und Ostsee. So wie der Aal die südliche Ostseeküste liebt, lieben deren Bewohner ihn – wenn auch in unterschiedlicher Weise.

Beim Verzehr sollte man bedenken, welche außergewöhnlichen Leistungen sich auf dem Teller verbergen. Getrieben von seiner sexuellen Orientierung reist der schlängelnde Fisch von der Aalbude bis zu den Bermudas. Dort will er im schiffeverschlingenden Sargassomeer für Nachwuchs sorgen. Bevor er die Nordsee erreicht, nimmt er sogar Landwanderungen in Kauf – mit Hautatmung und bevorzugt bei hässlich-herbstlichem Regenwetter. Dann 5.000 km Schwimmen – und das ohne Nahrungsaufnahme. Tag und Nacht – in 200 bis 1.000 Metern Tiefe tags und an der wärmeren Oberfläche nachts. Jetzt ist klar, wofür das viele Fett auf dem Teller eigentlich bestimmt war.

Anders als sein kulinarischer Freund braucht der Aal kein GPS beim Reisen. Er verlässt sich auf die eingebaute magnetische Orientierung. Sein Aussehen folgt der Natur: im Binnengewässer gelb-grün-braun, im Meer gibt er sich als „Blank"- oder „Silberaal". So fällt er nicht auf. Im Inneren schafft er auch Erstaunliches. Richtung Bermuda-Dreieck bildet er seine Verdauungsorgane zurück, denn das gibt Platz für wachsende Geschlechtsteile. Wenn die bis zu 2.000 m tief in der Sargassosee ihre Schuldigkeit getan haben, ist auch der Aal am Ende. Dann beginnt für die kleinen Weidenblattlarven der Rückweg. Zu durchscheinenden „Glasaalen" entwickeln sie sich auf der Reise.

Die menschliche Neugier gegenüber dem geheimen unterseeischen Treiben von *Anguilla anguilla* blieb bis ins 20. Jahrhundert unbefriedigt. Dem verdankt die Aalmutter *Zoarces viviparus* ihren Namen. Statt eines Aalvaters kennt die Biologie nur männliche Aalmütter. Der leicht getigerte schleimige Knochenfisch erreicht bestenfalls entfernt Ähnlichkeit zum Aal, teilt mit ihm aber den Hang zum biologisch Kuriosen. Er legt nämlich keine Eier, sondern bringt lebende Fischlein zur Welt. Diese sehr seltene Eigenschaft hat zu der Annahme geführt, von den Aalmüttern würden die Aale geboren.

Ähnlich irreleitend ist der Arbeiter-Aal. Man mag denken, es handele sich um ein sozialpolitisch motiviertes Angebot von verbilligtem Aal. Weit gefehlt. Dahinter verbirgt sich der Hornhecht *Belone belone*, der weder gehörnt noch Hecht ist. Der schlanke „Marlin des kleinen Mannes" mit seinem langen spitzen Schnabel bevölkert im Schwarm unter anderem die Ostsee. Zur Rapsblüte (▶ Raps) – aber nicht ihretwegen – kommt er in großer Zahl an die Ostseeküste, zum Beispiel im Greifswalder Bodden und in der Wismar-Bucht. Hier lassen sich die Fische leicht fangen und sind deshalb für Arbeiter erschwinglich. Lecker und leider grätenreich, erschrecken sie doch manchen Esser bei der Erstbegegnung. Wie auch bei der Aalmutter verfärbt sich das Skelett beim Erhitzen blau-grünlich.

Das ist faszinierend zu sehen und kein Grund zur Sorge. Dahinter steckt das grüne Abbauprodukt *Biliverdin* des roten Blutfarbstoffs Hämoglobin.

Der Sandaal ist ebenso essbar und an der Ostsee heimisch. Er sieht nur aus wie ein Aal. Der wissenschaftliche Name *Ammodytidae* heißt übersetzt Sandtaucher und genau das machen diese Fische bei Gefahr. Als Angelköder hat er den Ruf einer „Praline der Ostsee".

Der Seeaal dagegen kann als „Meeraal" ein Verwandter des Europäischen Aals sein. Im Fischgeschäft geht es aber meist um einen Fantasienamen des Handels für den Dornhai, der auch in der Ostsee vorkommt (▶ Ostsee). Da Haie lange keinen verkaufsfördernden Ruf hatten, vermarktet man das Rückenstück als Seeaal und die geräucherten Bauchlappen als Schillerlocke. Die war der Räucheraal-Ersatz auf dem DDR-Büffet. Dabei bleibt zu hoffen, dass Schillers Locken nicht ähnlich fettig waren und vor allem nicht so hohe Methylquecksilbermengen angereichert hatten wie der arme Dornhai.

Der Europäische Aal gilt als Aussterbekandidat. Um die Bestände zu sichern, werden Glasaale im Meer an Flussmündungen gefangen und in Binnengewässern ausgesetzt. Ob es hilft?

Möglicherweise hat Günter Grass mehr für den Erhalt des Aals getan. Sein Roman „Die Blechtrommel" enthält eine Szene, wie Aale aus dem abgetrennten Kopf eines toten Pferdes gefangen werden. Sie haben es sich in dem Aas gemütlich gemacht. Agnes, die Mutter des blechtrommelnden Oskar Matzerath, bekommt beim Anblick das Kotzen, muss aber den Aal essen. Später stirbt sie an Fischvergiftung. Die Ekeldarstellung in Wort und Film ist fachlich falsch, weil Aale solches Aas nicht fressen. Die Darstellung hat aber manchem den Appetit auf Aal verdorben.

Ananas, die

Ananas comosus, aus dem tropischen Amerika stammende Bromelie mit fleischigem Fruchtstand unter üppigem Schopf.

A nanas in Alaska zu züchten, diese Idee fand der CSU-Heilige Franz Josef Strauß 1969 attraktiver als deutscher Bundeskanzler zu werden. Eher als in Alaska würden Einzelexemplare in Mecklenburg und Vorpommern mit Glück auf der Fensterbank gedeihen. Vor 60 Jahren war im Westen die Ananas – in Scheiben oder Stücken – primär als Konserve bekannt. Die frische Frucht war ein Luxusgut, das der DDR-Großhandel gar nicht führte.

Wie bei jedem Luxus ruft die weniger begüterte Bevölkerung nach einem preisgünstigen Imitat. Mecklenburger Ananas ist insofern nicht eine solche aus hiesigem Anbau und es handelt sich auch nicht um eine Frucht, sondern um eine Wurzel in ungefähr gleichem Umfang und mit ähnlicher Farbe des Inneren.

So machte hier als Ananas ausgerechnet jene kulinarische Massenware Karriere, die neben Millionen Kriegstoten zu den grausigsten Erinnerungen an den Ersten Weltkrieg zählt: der Steckrübenwinter 1916/17, in dem das hart arbeitende Volk mit der Kohlwurzel – plattdeutsch *Wruke* – abgespeist wurde. Die geschmackliche Nähe zu Ananas lässt sich mit folgendem Rezept selbst ausprobieren – im Krieg natürlich ohne Fleischanteil.

Rezept
MECKLENBURGER ANANAS

Zutaten
500 Gramm Schweinefleisch (z.B. Rippchen)
1 Wruke
2 kleine Möhren
1 kleine Zwiebel
1 Teelöffel Majoran
1/2 Teelöffel Kümmel
Gemüsebrühe und Salz

Zubereitung
- Die Wruke wird geschält und in kleine Würfel geschnitten. Man gebe eine grob geschnittene Zwiebel in den Topf und dünste das Fleisch darin an, aber nicht braun werden lassen.
- Man fülle dann das Fleisch mit Gemüsebrühe auf und lasse es 1/2 Stunde vorkochen.
- Dann gewürfelte Wruke sowie Majoran, Kümmel, Salz und Möhren dazugeben und alles garkochen, dabei immer mal kosten, bis die Wrukenstückchen bissfest sind.
- Nochmal abschmecken und nach Belieben noch Petersilie dazugeben. Dazu Salzkartoffeln reichen.

Das Rezept für Pommersche Ananas funktioniert etwas anders:

Rezept
POMMERSCHE ANANAS

Zutaten
2 Keulen von der Pommerngans
1 Bund Suppengrün
750 Gramm Wruken
6 große Kartoffeln
Salz
frisch gemahlener Pfeffer
Zucker
1 Bund Thymian

Zubereitung
- Zunächst mit zwei Gänsekeulen und Suppengemüse in ca. 35 Minuten einen Suppenfond kochen.
- In der Zwischenzeit 750 Gramm Wruken und 6 große Kartoffeln in Würfel schneiden.
- Die Gänsekeulen aus dem Fond nehmen, zuerst die Wruken, 10 Minuten später die Kartoffeln in die Suppe geben.
- Während die Kartoffeln und Wruken kochen, das Fleisch von den Knochen entfernen.
- Wenn alles gar ist, das Fleisch zurück in die Suppe geben, mit Salz, einer Prise Zucker, frisch gemahlenem Pfeffer und viel Thymian würzen.

Sollte wider Erwarten etwas von der Suppe übrig bleiben, wird diese von Tag zu Tag köstlicher.

Während bei der Ananas der Verdacht aufkommen mag, dass die Benennung der Regionalausgabe in Unkenntnis, wenn nicht zynischer Verleugnung, des Originals erfolgte, feierte ein anderes Rübenimitat einen Triumph. Jeden Herbst berichten die Medien des Landes von der „Rübenkampagne": Über eine Million Tonnen Zuckerrüben verarbeitet die Zuckerfabrik Anklam zu „weißem Gold" – und das schon seit 1883.

Ursprünglich hatten die Europäer ihren Bedarf an Süßstoff durch Honig decken müssen. Mit den Kreuzzügen des Mittelalters lernten zumindest die Reichen Zucker aus Zuckerrohr, dem bis zu sechs Meter hohen Süßgras, kennen. Schösslinge davon brachte Kolumbus 1493 in die Karibik, wo sie prachtvoll gediehen. Für die Zuckerrohr-Wirtschaft wurden in den folgenden Jahrhunderten viele Millionen Schwarze in Afrika versklavt und auf die lateinamerikanischen Plantagen verschickt.

Die Idee, Zucker statt aus der Karibik aus der europäischen Runkelrübe zu gewinnen, verdankt sich nicht menschenrechtlicher Motivation, sondern Napoleons Wirtschaftssanktionen gegen Großbritannien, der „Kontinentalsperre" von 1806 bis 1813. Ab Mitte des 19. Jahrhunderts konnten die Mecklenburger und pommerschen Landarbeiter dank besserer Zuckerrüben-Sorten und Anbaumethoden mit den amerikanischen Zuckersklaven konkurrieren. Zuckerbarone residierten nun nicht mehr nur in der Karibik, sondern auch auf Gütern Mecklenburg-Vorpommerns.

Rohrzucker und Rübenzucker sind chemisch identisch. Vom Mecklenburger Zuckerrohr könnte man also mit mehr Recht sprechen als von Mecklenburger Ananas.

Benzin

Unter anderem

- Ortsteil von Wedendorfersee im Landkreis Nordwestmecklenburg mit PLZ 19217
- Ortsteil von Kritzow im Landkreis Ludwigslust-Parchim mit PLZ 19386
- Treibstoffe verschiedener Art
- Lied der Band Rammstein
- (Gas) Gemälde von Edward Hopper (1940)

D ie Vermutung, dass die beiden Benzin-Dörfer in Mecklenburg etwas mit dem Treibstoff zu tun haben, liegt nahe, findet aber vor Ort keine unmittelbare Bestätigung. Dort ist weder ein Gedenkstein für die Entwicklung des Kraftstoffs noch eine Raffinerie oder auch nur eine Tankstelle zu finden. Der nächstliegende Zusammenhang ergibt sich aus dem Vorhandensein einer Bushaltestelle, auch wenn Busse zum Teil schon elektrisch angetrieben werden.

Namensverwandt erscheint der Erfinder Carl Benz, der erstmals in automobilem Zusammenhang den Treibstoff in seiner Patentschrift zum „Benz Patent-Motorwagen Nummer 1" von 1886 als „leichtflüssiges Oel" erwähnt. Seine Frau Bertha Benz bezog es bei einer Probefahrt 1888 von der Wieslocher Stadtapotheke am Südrand des Odenwalds.

Nun scheint sich gleich ein doppelter Bezug zu Mecklenburg-Vorpommern aufzutun, denn neben Benzin ist auch Benz hier ein Ortsname. Einmal als Ortsteil der Rügener Gemeinde Gustow, als selbständige Gemeinde mit über 1.000 Einwohnern und der Postleitzahl 17429 im Achterland der Insel Usedom, der so genannten Usedomer Schweiz (▸ Schweiz) sowie mit der Postleitzahl 23970 östlich von Wismar. Urkundlich wurde Benz erstmals 1229 als „Bents" erwähnt. Die nächstgelegene Tankstelle befindet sich im benachbarten Seebad Bansin, das auch verdächtig klingt. 1256 hieß es noch „Banzin". Der Name soll wendischen Ursprungs sein und so etwas wie „vom Stamm" oder auch „Hummel" oder „Brumme" bedeuten. Benzin bei Lübz mit Ersterwähnung 1300 als „Banzin" leitet sich angeblich von slawisch *bak* für Schrei oder von Herrn Beka ab.

Aber zurück zu Carl Benz. Irritierend ist, dass der Familienname Benz mit dem Ortsnamen nicht recht harmoniert. Benz heißen Menschen gerade dort, wo Orte nicht so genannt werden, nämlich in Süddeutschland. Auch für den Namen gibt es diverse Erklärungsansätze, zum Beispiel aus dem Vornamen Berthold oder Benedikt. So erweist sich bei näherer Betrachtung die ganze Verbindung von Carl Benz und Benzin zwar technikgeschichtlich als treffend, begriffsgeschichtlich aber als Sackgasse.

Versuchen wir den Blick über die Landesgrenzen hinaus global zu weiten. In Südostasien wachsen verschiedene Arten von Storax-Bäumen (*Styrax spp*). Wenn man die circa 20 m hohen Exemplare anritzt, tritt ein Harz aus, das zu festen bröckeligen Klumpen erstarrt und lieblich-süßlich nach Vanille sowie Schokolade duftet. Die Araber nannten es *luban djawi*, d.h. Weihrauch von Java, der mit dem arabischen Weihrauch der Gattung *Boswellia* zwar nicht verwandt ist, aber ebenso zum Beräuchern beispielsweise indischer Tempel und russisch-orthodoxer Kirchen genutzt wird. Dieses Harz brachten Araber in den Mittelmeer-Raum, wo die Italiener unter Weglassung der ersten Silbe den Namen zu *Benjui* verballhornten. Mittellateinisch wurde daraus *benzoe*. Aus dem Harz extrahiert man Benzoesäure. Die ist jedem geläufig, der sich zum Beispiel die Inhaltsstoffe von Fisch- und Krabbenzubereitungen anschaut. Mit dieser Säure und Kalkmilch synthetisierte der Chemiker Eilhard Mitscherlich 1833 erstmals einen flüchtigen Stoff, den er als Benzin bezeichnete. Justus von Liebig benannte aus systematischen Gründen Benzin um in Benzol, während die heutige offizielle wissenschaftliche Nomenklatur daraus „Benzen" gemacht hat. Den Begriff verwendet aber kaum jemand.

Seit Mitte des 19. Jahrhunderts fiel Benzol oder Leichtbenzin als Abfallprodukt der Petroleumherstellung an. Es wird bis heute als Wasch- oder Fleckenbenzin in Apotheken und Drogerien verkauft. Die Verwendung als Motortreibstoff verdanken wir im Grundkonzept Carl Benz, der damit den Ottomotor weiterentwickelte. Otto hatte zunächst mit Spiritus als Treibstoff begonnen.

Festzuhalten ist somit, dass Mecklenburg-Vorpommern die älteren Rechte am Namen Benzin geltend machen kann, aber Verwechslungsmöglichkeiten mit dem Treibstoff infolge arabisch-italienisch-mittellateinischer Hörverständnisprobleme hinnehmen muss.

Zur automobilen Nutzung von Benzin hat Mecklenburg-Vorpommern dennoch Wichtiges beizutragen. Nicht nur liebt der Bewohner des weiten, dünn besiedelten Landes den Verbrennungsmotor, das Land hat auch Automobilgeschichte geschrieben. Zwar gebührt Carl Benz der Ruhm, das erste Automobil auf die Straße gebracht zu haben. Aber nur knapp. Da gibt es nämlich noch Siegfried Marcus aus dem mecklenburgischen Malchin. Wenn ihn heute kaum jemand mehr kennt, ist dies leider ein Erfolg der NS-Herrschaft, die ihn wegen seiner jüdischen Abstammung aus dem Gedächtnis tilgte.

1831 geboren, absolvierte Marcus eine – heute unter Kinderarbeit fallende – Mechanikerlehre in Malchin und ging mit 14 Jahren zuerst nach Hamburg und Berlin, schließlich als Neunzehnjähriger nach Wien. 1870 baute er dort das erste benzinbetriebene Straßenfahrzeug der Geschichte, das allerdings noch weder über Bremsen noch Lenkung oder Kupplung verfügte. Der zweite Marcus-Wagen, nun mit den klassischen Bestandteilen eines Kraftfahrzeugs, entstand fast zeitgleich mit dem von Benz 1888/89. Während der Benz ein motorisiertes Dreirad war, baute Marcus das erste vierrädrige Auto. Dieser Wagen steht als das älteste in fahrfähigem Zustand erhaltene Benzinautomobil der Welt im Techni-schen Museum Wien. Ein originalgetreuer Nachbau des ersten Wagens ist im Heimatmuseum Malchin zu besichtigen. Zu Marcus' vielen Pio-nierleistungen gehört unter anderem die Magnetzündung, die von Bosch weiterentwickelt wurde.

Vergessen ist neben der Flugzeug-Industrie (▸ Ikarus) auch die einstmals blühende Automobilindustrie des Landes. In Wismar baute die Firma Podeus als Weiterentwicklung von Eisenbahnwaggons ab 1909 Serien-LKWs und ab 1910 auch Autos. Die Automobilfabrik Paul Heinrich Pode-us produzierte mit 400 Beschäftigten für das In- und Ausland. Im histo-rischen Vorpommern gründeten im heute polnischen Stettin Bernhard und Emil Stoewer schon 1899 eine Fabrik für Motorfahrzeuge und stell-ten im selben Jahr den „Großen Stoewer Motorwagen" vor, von dem sich das einzig erhaltene Exemplar heute im Polytechnischen Museum in Moskau befindet. Stoewer gehörte zur Kategorie sportlicher Luxuska-rossen auf Augenhöhe mit Mercedes und Horch, heute unter der lateini-schen Übersetzung Audi bekannt. Hinzu kamen im Zweiten Weltkrieg zahlreiche Militärfahrzeuge. 1945 wurde das Werk geschlossen und an-schließend für die Sowjetunion demontiert.

Nicht zu vergessen ist ein kultureller Bezug von Mecklenburg-Vorpom-mern zu Benzin. Mehr oder weniger zwischen den beiden Ortschaften Benzin liegt die Künstlerkolonie Drispeth, wo sich zu DDR-Zeiten auch der Kinderbuchautor Werner Lindemann niedergelassen hatte und sein Sohn Till in Wendisch Rambow aufwuchs. Till, der heute noch in Dris-peth seinen Rückzugsort hat, wurde Mitgründer und Sänger der Metal-Band Rammstein, deren Musikvideo „Benzin" bei YouTube inzwischen insgesamt über 70 Millionen Mal heruntergeladen wurde. Darin geht es nicht um die genannten Dörfer, sondern um die Benzin-Anbetung einer wüsten Feuerwehrtruppe. Aber immerhin.

Die Amerikaner bezeichnen Benzin als *Gas* und so heißt auch ein berühmtes Bild von Edward Hopper, das seltsamerweise trotz der einsamen Straße mit Tankstelle nichts mit Mecklenburg-Vorpommern zu tun, es kann aber dennoch als Meisterwerk gelten und im New Yorker Museum of Modern Art besichtigt werden.

Sollte man in Anbetracht all dieser Fakten Benzin in Mecklenburg besuchen? In Benzin sowie Neu Benzin in Nordwestmecklenburg und Benzin bei Lübz weisen Reste von Großsteingräbern aus der Jungsteinzeit auf eine Jahrtausende alte Besiedlung hin – das ist eher unspektakulär. Benzin bei Lübz kann dagegen mit einem echten Highlight des Carbon-Kapitalismus punkten. Hier ist eine stillgelegte Ziegelei mit einem gewaltigen Ringofen – der einzige in MV zugängliche – mit neu angesiedelten Kulturinitiativen zu besichtigen.

Bluetooth

- *(dt: Blauzahn) seit den 1990er Jahren entwickelter Industriestandard für die Datenübertragung per Funk*
- *Harald I. Blauzahn Gormsson (im altnordischen Original: Haraldr blátǫnn), Wikinger-König circa 910 bis 985/87*

Das Markenzeichen von Bluetooth suggeriert, es könnte sich um eine alte Wikingertechnik handeln. Es zeigt in Runen die Initialen HB für Harald Blauzahn. Intensivere Forschungen ergeben freilich, dass Harald weder die nötige Hardware noch die erforderliche Elektrizität besaß.

Käptn Blaubär, der Lügenbär aus der „Sendung mit der Maus", dagegen verfügt über Bluetooth. Könnte Käptn Blaubär ein Kumpel von Harald Blauzahn sein? Beide haben eine Affinität zu gestrandeten Schiffen. Und eine der vielen Spekulationen über den Beinamen Haralds erklärt den blauen Zahn mit einer möglichen Vorliebe für Blaubeeren. Auch Bären mögen Blaubeeren. Aber der zeitliche Abstand von über 1.000 Jahren schließt eine Verbindung wohl aus.

Kehren wir zurück aus der Welt der Kinderzimmerfiguren in die reale. Hier hat 2018 ein 13-jähriger Junge von der Insel Rügen zusammen mit einem ehrenamtlichen Bodendenkmalpfleger den jüngsten Beweis einer Verbindung von Blauzahn und Pommern erbracht. Bei Schaprode – wo die Fähre nach Hiddensee abgeht – fanden sie einen Schatz mit mehr als 600 Silbergegenständen, darunter Halsringe, Fibeln, Perlen und einen Thorshammer. Am wichtigsten aber waren rund 100 Münzen, die Blauzahn hatte prägen lassen. Vor 150 Jahren war schon einmal 5 km entfernt am Neuendorfer Strand auf Hiddensee ein Goldschatz der Wikinger entdeckt worden. Den kann man nun durch die Münzdatierung auch in einen Zusammenhang mit Blauzahn bringen. Archäologen nehmen an, dass der verletzte Blauzahn hier auf der Flucht vor seinem Sohn, dem er ein Seegefecht geliefert hatte, Schätze vergraben hat.

Hinweise auf Wikinger aus dem neunten bis elften Jahrhundert gibt es zwischen Wismar und Oder-Mündung nicht wenige. Eine bedeutende Wikingersiedlung konnte in Menzlin wenige Kilometer nördlich von Anklam ausgegraben werden. Hier befindet sich der einzige bekannte Wikinger-Friedhof der südlichen Ostsee mit den typischen Schiffs-gräbern. Offenbar nutzten die Wikinger die Peene, um zu Wasser ins Landesinnere zu gelangen.

Legendär ist das sagenhafte Vineta oder die Jomsburg. Ob diese mythi-schen Orte bei Arkona, Ralswiek, Menzlin oder auf der heute polnischen Insel Wollin zu lokalisieren sind oder überhaupt existierten, bleibt um-stritten. Und ob in der Blauzahn zugeschriebenen Jomsburg tatsächlich eine Kriegerkaste lebte, die keine Frauen und nur wehrfähige Männer zwischen 18 und 50 Jahren zuließ, ist auch nicht bewiesen. Blauzahn im-merhin hatte eine Mecklenburgerin als Frau, wobei es im neunten Jahr-hundert noch kein Mecklenburg, aber die hier siedelnden slawischen Abodriten gab. Ob die Abodriten-Prinzessin Tove, von der eine Steinstele überliefert ist, allerdings Blauzahns Frau oder die Tochter seiner Frau – einer verwitweten Abodriten-Fürstin war –, ist ebenso nebulös.

Die frauenraubenden wilden Krieger mit schnellen Booten und reicher Beute faszinieren bis heute. Wikinger-Events aller Art werden in Mecklenburg-Vorpommern inszeniert – auch wenn die nordischen Krie-ger und Kaufleute nur eine historisch kurze Zeit und in vergleichsweise geringer Zahl hier auftauchten. Das Wikingererbe aufzublasen, verstan-den schon die Nazis. Die wotangläubigen Nordmannen entsprachen ihrem Herrenmenschen-Ideal, die „ostischen" Slawen galten dagegen als Untermenschen. In der SS-Division „Wiking" vereinte Himmler 1940

„germanische" Freiwillige aus Holland, Dänemark, Norwegen und belgische Wallonen. Spuren nationalsozialistischer Wikinger-Begeisterung in MV finden sich bis heute. So wurde das slawische Alt Gaarz an der Ostsee 1938 zu Rerik umbenannt, weil dort das wikingische Reric – zu Unrecht – vermutet wurde.

Die Bluetooth-Technik wurde von dem niederländischen Professor Jaap Haartsen und dem Schweden Sven Mattisson für die Firma Ericsson entwickelt. Sie basierte nicht zuletzt auf dem Frequenzsprungverfahren. Das hatte eine jüdische Schauspielerin aus Wien, die unter dem Namen Hedy Lamarr den Ruf der schönsten Frau der Welt genoss, 1940 entwickelt. In was für einem After-work-Rausch die beiden auf die Idee kamen, das mit einem blauzahnigen Wikinger-König in Verbindung zu bringen, muss hier offenbleiben.

Cap Arcona

Name zweier Kaps und diverser

Schiffe in unterschiedlicher

Schreibweise

K ap Arkona, das klingt so ganz anders als Boltenhagen, Prerow oder Göhren. Die vierzig Meter hohen weißen Kreidekliffs an der Nordspitze Rügens passen zu Phantasien mediterraner Eleganz. Man muss nur einen Buchstaben auswechseln, um in Ascona, dem Schweizer Kurort am Lago Maggiore, oder in Ancona zu landen, wo die italienische Hafenstadt mit ihren Adriabuchten lockt. Eleganter sieht es mit C statt K aus. Geschrieben wurde es tatsächlich mal so, mal so – genauso wie Carl.

Das einzige deutsche Kap, das mit seiner Steilküste diesen Namen verdient, hat Menschen schon vor 1.000 Jahren fasziniert. Auch damals hatte die Schönheit der weißen Kreide auch eine dunkle Seite. Hier baute der slawische Volksstamm der Ranen die Jaromarsburg. Nach drei Seiten war sie von den Klippen geschützt, zur Landseite durch einen großen Wall. In der Feste befand sich der Swantewit-Tempel, wo eine Priesterkaste dem Zeus der Slawen huldigte. Hier opferten sie dem Sonnen- und Kriegsgott und lenkten mit dem Orakel die Geschicke der Menschen. Dargestellt wurde Swantewit in einer überlebensgroßen hölzernen Statue, die mit vier Gesichtern in alle Himmelsrichtungen schaute. Sie trug ein Trinkhorn, das einmal im Jahr mit Met gefüllt wurde. Aus dem Füllstand wurde die Ernte prophezeit.

Die hölzerne Huldigungshalle war bis auf eine Tür allseits geschlossen. Die Priester durften darin nicht einmal atmen, um die Aura nicht zu verunreinigen. Das rote Dach des Tempels spielte mit dem Weiß der Klippen und dem Blau der Ostsee. Darauf ist wohl auch der Name Arkona zurückzuführen. Denn was lateinisch oder italienisch klingt, hat eine slawische Wurzel. *Jarka* bedeutet wie das heutige russische *Krasnaja* gleichzeitig schön und rot.

Im elften Jahrhundert wurde Arkona zum wichtigsten religiös-politischen Zentrum der Ostseeslawen. Von hier aus organisierten sie den Kampf gegen die Christianisierung aus dem Westen. 1168 haben Dänen die Tempelfestung erobert und niedergebrannt. Die Spuren wurden seitdem durch die häufigen Kliff-Abbrüche weitgehend vom Meer verschlungen.

Swantewit lebt allerdings als Name für Firmen, Ferienhäuser oder Gastronomie auf der Insel weiter. Und der Sonnengott ist seinem einstigen Tempelort treugeblieben. Kap Arkona weist unter allen deutschen Wetterstationen eine herausragende Sonnenscheindauer auf. In manchen Jahren scheint die Sonne hier länger als irgendwo sonst in Deutschland. Und im Dunkeln sendet der Leuchtturm seine Lichtsignale.

Auch dem Kriegsgott wird seit 1915 wieder mit Tempeln gehuldigt. So wie sich über dem Kap ein Leuchtturm aus Schinkels Zeiten, ein Marine-Peilturm für den Funkverkehr und der heute noch betriebene Leuchtturm von 1905 erheben, so gibt es auch eine dreifache militärische Unterwelt. Im ersten Weltkrieg baute hier die kaiserliche Marine den ersten Bunker, der heute wegen Baufälligkeit geschlossen ist. Die Wehrmacht des Tausendjährigen Reiches baute den nächsten. Schließlich verewigte sich die Volksmarine des Arbeiter-und-Bauern-Staates 1986 mit dem 2.000 m² großen Marineführungsbunker. Da diese Anlage atom-, aber nicht bombensicher ist, dient sie heute nur noch als Marinemuseum.

Dorthin, wo einst die slawischen Stämme der Ranen, Lutizen und Zirzipanen Swantewits Erleuchtung und Beistand suchten, pilgern heute jährlich 800.000 Touristen. Was mögen sie suchen und gar finden?

Was sie hier nicht finden, ist die Cap-Arcona-Gedenkstätte. Sie pflegt nicht die Erinnerung an den rot bedachten Tempel und seinen göttlichen Bewohner und ist auch nicht auf Rügen lokalisiert. In gleich vier Varianten begegnen wir ihr im schleswig-holsteinischem Neustadt, im Bothmer-Städtchen Klütz, auf der Insel Poel und herausragend auf dem Tannenberg der beschaulichen mecklenburgischen Kleinstadt Grevesmühlen – rund 240 Autokilometer vom Kap entfernt.

Hier wird der größten Schiffskatastrophe gedacht, die je vor der Küste Mecklenburg-Vorpommerns stattfand. Sie betraf einen nach dem Kap benannten Luxusdampfer, der die Kulisse für den ersten deutschen Titanic-Film lieferte und schließlich mit tausenden Toten die Titanic übertreffen sollte.

Vom Stapel lief die Cap Arcona 1927 in Hamburg bei Blohm und Voss. Sie ersetzte ein 20 Jahre altes Vorgängerschiff gleichen Namens, das an eine französische Reederei verkauft und umgetauft worden war. Friedlich fuhr der neue Dampfer für die Hamburg Süd von der Elbe nach Rio und Buenos Aires. Mit Kriegsbeginn 1939 wurde die Cap Arcona in den Dienst der deutschen Kriegsmarine gestellt – zunächst bloß als Wohnschiff im ostpreußischen Gdingen.

Dort kam das Luxusschiff gegen Großbritannien zum Einsatz – wenn auch nicht militärisch. Für den Krieg brauchte das NS-Reich neben der tagespolitischen Information und Desinformation auch die subtile kulturelle Impfung gegen den Feind. Das war die hohe Kunst der Propaganda. Der Titanic-Stoff schien Goebbels als Impfträger im Kampf gegen England geeignet.

Ein erster Spielfilm über den Untergang der Titanic mit ihren fast 1.500 Toten im Jahr 1912 war schon 1929 gedreht worden – unter dem Titel „Atlantik" von einer britischen Firma mit deutscher Besetzung. Ein neues Drehbuch ließ nun der Fantasie ihren Lauf für die Untertöne gegen ein perfides Albion. Der Film inszenierte englische Profitgier, welche die Katastrophe in Kauf nimmt, während sich in der Schicksalsstunde des Schiffes anständige Deutsche bewähren. Gedreht wurde 1942 mit viel Geld und Filmtricks.

Als Titanic-Kulisse für die Szenen auf Deck kam die Cap Arcona zum Einsatz. Für das Schiff sollte sich der Filmstoff als böses Vorzeichen erweisen.

Der Regisseur Herbert Selpin wurde schon bei den Dreharbeiten wegen kriegskritischer Äußerungen verhaftet. Tage später fand man ihn erhängt in seiner Polizeizelle am Berliner Alexanderplatz. Als der Film im Spätsommer 1943 fertig war, war gerade Hamburg im Feuersturm verbrannt. Da brauchte man Frohsinn zur Ablenkung von der selbsterlebten Katastrophe. So lief der Titanic-Film mit der Cap Arcona nach Premiere in Prag nur im besetzten Ausland.

Nach dem Filmabenteuer geriet die Cap Arcona immer tiefer in den Strudel des Krieges. Sie gehörte zu den Schiffen, die 1944/45 zur Evakuierung aus Ostpreußen eingesetzt wurden. Während die Wilhelm Gustloff und die Goya mit tausenden Menschen an Bord von sowjetischen U-Booten versenkt wurden, überlebte die Cap Arcona dieses Fiasko. Der Kapitän ertrug es allerdings nicht. Im Februar 1945 nahm er sich an Bord das Leben. Schließlich blieb das Schiff im April 1945 mit Maschinenschaden in der Lübecker Bucht liegen.

Wenige Tage vor der Kapitulation brachte das letzte Aufgebot der Nazi-Herrschaft die Häftlinge des Hamburger Konzentrationslagers Neuengamme auf die Cap Arcona und ihre Schwesterschiffe, die Thielbek und die Athen. Insgesamt circa 9.000 Gefangene wurden auf die Schiffe gepfercht. Allein auf die Cap Arcona kamen wohl rund 6.000 Häftlinge und 500 Mann Besatzung. Gebaut war sie für weniger als 2.000 Personen.

Im sinnlosen Zerstörungsrausch der letzten Kriegstage versenkten britische Flugzeuge die Cap Arcona und die Thielbek am 3. Mai 1945. Wer sich im eisigen Wasser zu retten versuchte, wurde von den Briten mit Bordwaffen beschossen. Circa 6.400 Menschen kamen zu Tode. Leichen wurden noch monatelang an die Küsten der Lübecker Bucht gespült, in Mecklenburg vor allem bei Groß Schwansee und auf der Insel Poel.

Grevesmühlen dagegen liegt im Binnenland fernab. Hier die größte Gedenkstätte zu errichten, war eine politische Entscheidung der SED, denn das Totengedenken am Strand hätten Lebende nutzen können, um dem Arbeiter-und-Bauernparadies schwimmend Lebewohl zu sagen. Der Strand westlich von Boltenhagen war Sperrgebiet, das nur mit Passierschein betreten werden durfte.

Dem Kriegsgott Swantewit diente schließlich auch die SMS Arcona – keine Spam aus der slawischen Götterwelt, sondern die Abkürzung für Seiner Majestät Schiff. Die Majestät war der preußische König und gebaut wurde das Segelschiff 1858 mit zusätzlichem Dampfantrieb sowie 28 Geschützen.

Dieses Schiff wurde nicht nur auf den Namen des Kaps getauft, es hat auch ein gleichnamiges auf den Globus gezaubert. Entdeckt hat die SMS Arcona das vorher namenlose Kap bei einer Weltumseglung 1874/75.

Anders als auf Rügen muss man beim Arcona-Doppelgänger ganzjährig mit Schneefall rechnen. Die Landschaft ist sicher spektakulärer. Das Kap ist Ausläufer von Big Ben, einem über 2.700 m hohen Vulkanmassiv, das vergletschert ist. Es befindet sich auf der subantarktischen Insel Heard im südindischen Ozean und wird von Australien verwaltet. Die Schreibweise des dortigen Cape wechselt ebenfalls zwischen K- und C-Arkona. Im Unterschied zu Rügen ist Cape Arcona als UNESCO-Weltnaturerbe geschützt.

Wer sich vor Ort einen Eindruck von der hierzulande unbekannten Arkona-Schwester verschaffen möchte, sollte die prekäre gastronomische Situation von Heard bedenken. Die Insel ist unbewohnt.

Donnerkeil,
der

- *Belemnit*
- *Mythisches Zeichen*
- *Ausruf des Erstaunens, der Empörung (auch Donnerkiel, Dunnerkiel)*

MV

W as könnte man sich unter einem Donnerkeil vorstellen, wenn man ihn nicht kennt? Vielleicht eine Ramme, die unter gewaltigem Getöse Fels spaltet? Oder liegt die Lösung ganz woanders, zum Beispiel beim Donnerbalken und dem dort stattfindenden Großen Geschäft? Wäre an dieser Stelle für die jüngere Generation ein Exkurs in die Vorgeschichte des WC sinnvoll? Begeben wir uns zunächst an den Strand.

Wenn man dem fraglichen Gegenstand ohne den bekannten Begriff begegnet, wie könnte man ihn deuten? Meine erste Bekanntschaft machte ich nicht in Mecklenburg, sondern gegenüber an der Kreideküste der dänischen Insel Moen. Da glitzerte etwas gelbgolden im Spülsaum der Ostsee. Etwa Bernstein? Auffällig war die Form – irgendwas zwischen kleinem Finger, Patrone und Miniaturdildo. Zum Teil mit einer Röhre darin. Mit glatter stumpfer Oberfläche, manchmal mehr schiefergrau, meist eher gelblich. Meist gebrochen und besonders die Bruchflächen glänzen verlockend im Wasser. Ich fand sie kurz nach Erschaffung der Welt, als es noch keinen Computer, kein Smartphone und kein Internet gab. Also erst mal eine Tüte vollgepackt, um in der häuslichen Bibliothek Näheres zu erkunden.

Die Recherche führt in ferne Vergangenheit. Die gesammelten Stücke stammen aus der Kreidezeit, sind also mindestens 65 Millionen und höchstens circa 360 Millionen Jahre alt. Sie bildeten einst die Spitze eines Kopffüßlers, eines ausgestorbenen Verwandten unserer Tintenfische oder Kalmare. Dieses sogenannte *Rostrum* ist das Einzige, was sich von den zahlreichen Belemniten erhalten hat. Das griechische *belemnos* heißt Geschoss und eignet sich deshalb auch als Bezeichnung des Fundstücks. Es kann bis maximal 15 cm lang sein und besteht aus Calcit, einer Kalziumverbindung, die durch beigemischte Mineralien unterschiedliche Farben – gern auch Honig- oder Orangetöne – annehmen kann.

Belemniten haben offenbar akustisch nichts mit Donner und geometrisch nichts mit Keil gemein. Der zunächst irreführende Name lässt uns in die Tiefen der Mythologie eintauchen.

Der Donnerkeil ist seit den Göttern des alten Mesopotamien vor 4.000 Jahren Zeichen himmlischer Herrschaft – beim germanischen Donar, dem griechischen Zeus, dem römischen Jupiter ebenso wie bei Baal, Shiva oder Indra. Der Donnerkeil findet sich aber auch im Siegel der US Airforce, die ebenso den Himmel beherrschen will.

Aus dem wurstförmigen, manchmal verzierten Donnerkeil schießen die Blitze, er wird deshalb auch als Blitzbündel gesehen. Ein Symbol geballter Energie, das sicher nicht zufällig an einen Phallus denken lässt.

Aber wo ist der Zusammenhang zwischen dieser mythischen Kraft und den harmlosen Steinchen am Strand? Die meistverbreitete Erklärung lautet, sie seien entstanden, wenn Gott Donar Blitze schleuderte, die im Sand einschlugen und dort zu Donnerkeilen versteinerten.

Aber Theorien gab es viele. Darauf deuten auch die Bezeichnung Hexenfinger und Teufelsfinger für das Fossil hin. Als Luchsstein wurde es gehandelt, weil es sich angeblich aus Luchs-Urin gebildet hatte und bei Schwangerschaft und allerlei Gebrechen hilfreich sein sollte.

Bevor der amerikanische Tausendsassa Benjamin Franklin Mitte des 18. Jahrhunderts einen effektiven Blitzableiter entwickelte, dienten sie am Haus aufgehängt oder unter der Türschwelle als Blitzschutz. Das Amulett als Anhänger sollte den Menschen vor Blitzschlag und Hexenschuss bewahren. Vermutlich auch bei festem Glauben alles ohne Erfolg.

Als Heilsteine gelten sie heute noch in der Esoterik. Zurzeit wird der Donnerkeil als Anti-Aging-Stein beworben, der nebenbei Haut, Aura und Organe reinigt, energetische Blockaden löst und vor „Energie-Vampiren" schützt. So erwachsen aus 65 Millionen Jahre alten Kopffüßler-Überbleibseln noch völlig neue Perspektiven für das Gesundheitsland MV. „Zum Donnerkeil!" könnte man vor Erstaunen ausrufen.

Essen, das

A ller kulinarischen Globalisierung zum Trotz gehört Küche immer noch zur regionalen Identität: Zum Beispiel die schwäbische Maultasche, die Münchner Weißwurst, Handkäs mit Musik in Frankfurt, sächsische Quarkkeulchen, der Halve Hahn in Köln, Bremer Pinkel, Hamburger Franzbrötchen oder Thüringer Rostbratwurst. Was können Mecklenburg und Vorpommern zu dieser Hitliste beisteuern?

Schaut man, was Besucher unserer Küsten kulinarisch nur hier zu sich nehmen, so fällt vor allem das Fischbrötchen auf — und gelegentlich aus der Hand. Wenn es nicht von Möwen auf dem Weg von der Hand in den Mund entführt wird. Wie authentisch ist der Touristenklassiker?

Mit Stolz blickt das Land auf das weltgrößte Fischbrötchen, das je produziert wurde. Den Ruhm hat sich der Heringsdorfer Gastronom André Domke verdient. 2023 hat er ein Monster-Fischbrötchen von 6,68 m Länge produziert. Das sind immerhin 2,28 Meter mehr als Schleswig-Holstein zu Stande gebracht hat. Fässerweise sind die Bismarckheringe in diese unhandliche Mahlzeit gewandert, dazu kiloweise Zwiebelscheiben und Salatblätter.

Dieser Rekord ruft zwei wesentliche Tatsachen ins Gedächtnis. Erstens ist das Normalfischbrötchen mit dem Reichskanzler-Sauer gefüllt, auch wenn man von Krabben über Räucherfisch und Lachs bis zu Fischbuletten und Backfisch alles versemmeln kann, was aus dem Meer kommt. Selbst Veganes segelt unter falscher Fischbrötchen-Flagge, allerdings eher in Hamburg als in Mecklenburg-Vorpommern. Wenn Fischbrötchen vegan durchgeht, warum nicht auch Hafermilch aus Fischmehl?

Zweitens konkurrieren die beiden Ostsee-Anrainer nicht nur um das größte Brötchen, sondern auch den allein echten „Sauerlappen", wie es im Fachjargon heißt. Mariniert in Essig, Öl, Zwiebeln, Senfkörnern, Lorbeerblättern und Salz war dieser Hering eine hervorragende Fischkonserve des kühlschranklosen 19. Jahrhunderts. Die meerumschlungene Legende lautet, ein Wirt in Flensburg habe Bismarck 1864 bei einem Frontbesuch im Deutsch-Dänischen Krieg die Fische zu dessen größter Zufriedenheit aufgetischt. Als Dank soll er das Namensrecht erhalten haben.

Dagegen soll es der Stralsunder Fischhändler Wiechmann gewesen sein, der 1871 dem frisch berufenen Reichskanzler ein Fässchen der Heringe zugesandt habe. Das darauf angeblich erteilte Privileg für die Marke Bismarck-Hering soll im Zweiten Weltkrieg vernichtet worden sein. Die Stralsunder Firma Rasmus vertreibt heute diesen Hering und beruft sich auf eine erneute Einwilligung der Familie von Bismarck aus dem Jahre 2008. Das ist nicht ganz unwichtig, da der Fisch in der DDR eine politische Mutation zum „Delikatesshering" erleiden musste.

Der Fischbrötchen-Konflikt der beiden Nordstaaten wurde bisher friedlich ausgetragen. In Stralsund selbst brach aber 2012 ein weltweit beachteter Krieg um die Bismarck-Schrippe aus. Kriegsgrund war die Konzessionsvergabe für den lukrativen Fischbrötchenverkauf auf der Stralsunder Hafeninsel. Eine mafiöse Gruppe aus Demmin und Malchin setzte ihre Interessen mit gefährlicher Körperverletzung, Brandstiftung und Sachbeschädigung durch. Höhepunkt war 2013 die Platzierung einer Bombenattrappe mit 400 g TNT-Sprengstoff im Stralsunder Bauamt, zuständig für die Konzessionsvergabe der Fischbrötchen-Kutter. Wer sich an dem Fall laben will, mag in den Ostsee-Krimis von Oliver Wachlin („Fischbrötchenmafia") und Burkhard Wetekam („Haifische am Strelasund") schmökern.

Betrachtet man das Fischbrötchen mit etwas Abstand, könnten Zweifel an der regionalen Einzigartigkeit aufkommen. Die Qualität ergibt sich ja nicht nur aus dem Fisch, sondern auch aus dem Brötchen. Genauer gesagt: dem Weizenbrötchen. Der Nordosten ist aber traditionell Roggenland. Das typische Backwerk hier ist das Mecklenburger Landbrot, das wiederum inhaltlich identisch mit dem Paderborner Brot ist und überwiegend aus Roggen besteht. Ähnelt das Konzept des Fischbrötchens nicht eher dem Döner? Und tatsächlich: Fischbrötchen sind auch superauthentisch für Istanbul und die Türkei. *Balik Ekmek* heißt es hier und funktioniert statt mit Bismarck mit gegrillter Makrele.

Hier sind noch viele Fragen an die internationale Fischbrötchen-Forschung offen und diese steht noch ganz am Anfang. Aber auch die Kurmedizin ist gefordert. Wusste doch Bismarcks Leibarzt Ernst Schweninger zu berichten, dass er in den 1880er Jahren den kränkelnden Kanzler mit einer Diät aus den nach ihm benannten Heringen kuriert habe. So tun sich doch völlig neue Perspektiven für das Gesundheitsland MV auf: Zum Beispiel ein Heringssanatorium mit Blick zu den Heringsanglern auf der alten Rügenbrücke.

Fischbrötchen wie Döner sind Produkte mit einem schmalen Anwendungsspektrum. Die Herausforderung, aus ihnen Torten, Marmelade, Spirituosen, Schaumwein oder eine Kosmetik-Serie zu entwickeln, wurde bisher nicht angenommen. Das ist beim Sanddorn anders. Sanddornprodukte lassen sich – in der Regel stark verdünnt – in unterschiedlichsten Zubereitungen einnehmen: als Torte oder Likör, Sirup oder Marmelade, Shake oder Öl, Bonbon oder Branntwein, Prosecco oder Eis. Die

Verdünnung ist kein Nachteil, denn viele Produkte schmecken jedenfalls dem Durchschnittskonsumenten besser, je geringer der Sanddorngehalt ausfällt. Visuell ist allerdings das sonnige Orange unverzichtbar.

Während Fischbrötchen als Souvenir und Mitbringsel für die Lieben zu Hause eher ungeeignet sind, lässt sich Sanddorn problemlos außer Landes bringen – nicht nur zum süßen oder alkoholischen Verzehr. Die Rügen-Shops bieten zum Beispiel Sanddorn-Gesichtspflege, Sanddorn-Körperpflege, Sanddorn-Haarpflege, Sanddornseifen. Wie authentisch ist Sanddorn für Mecklenburg-Vorpommern?

Das lichthungrige Gehölz aus der Familie der Ölbaumgewächse ist verwandt mit der Olive, hat aber nicht deren Wärmebedarf. Es gedeiht auf nährstoffarmen sandigen Böden und bildet in Ostseedünen dank seiner Wurzelausläufer manchmal undurchdringliches Pioniergebüsch. Was die Vögel von den Beeren übriglassen, wird hier traditionell durch Melken geerntet: Mit Handschuhen streift man die schon matschigen Früchte bzw. ihren Saft direkt in einen Eimer. Aus Naturschutzgründen ist allerdings die Ernte von wildem Sanddorn heute verboten.

Als „Zitrone des Nordens" verklärt, ging es früher um Vitamin C für arme Leute. Den wilden Sanddorn zu kultivieren und systematisch anzubauen, war ein DDR-Projekt, das bei Ludwigslust und Güstrow plantagenmäßig umgesetzt wurde. Das ging einige Jahre gut, bis ein rätselhaftes Sanddornsterben begann, so dass die Ernten hier dramatisch zurückgehen. Ist also die Sanddornversorgung der Touristen gefährdet? Keine Angst. In China gedeiht der Sanddorn prächtig und ergibt hier immerhin 95 % der Weltproduktion. So wird der Marktanteil für den Import aus dem Reich der Mitte noch etwas wachsen.

In der Gastronomie erwartet den Wessi eine Reihe von Missverständnissen. Das fängt bei den Vorspeisen an. Was *Soljanka* ist, hat sich mittlerweile wohl herumgesprochen. Die je nach Zubereitung durchaus delikate russische Reste-Suppe in den Varianten Fleisch, Wurst, Fisch oder Pilze bezeugt gelebte deutsch-sowjetische Freundschaft.

Aber was bitte ist Würzfleisch? Was soll mit diesem Fleisch gewürzt werden? Ist das eine Ergänzung zu Salz- und Pfefferstreuern? Dahinter verbirgt sich ein jahrhundertaltes Standardgericht gutbürgerlicher Restaurants. Im Westen hat es unter dem Namen *Ragout fin* allerdings die Spitzenzeiten seiner Beliebtheit – zumal als Blätterteig-Königinpastete mit Hut – hinter sich. Die Ostvariante repräsentiert dabei die proletarische Version des feinen Ragouts. In Steingut mit Reibekäse – ursprünglich mit einer DDR-Scheiblette – überbacken, wird es nicht aus Kalbfleisch oder Geflügel, sondern magerem Schweinefleisch erstellt. Gut abgeschmeckt mundet es auch so.

Muss der Wessi über so viel sozialistische Provinzialität die Nase rümpfen? Nein! Das französisch besonders vornehm klingende *Ragout* ist in Frankreich unbekannt. *Fin* gleich fein meint auch nicht edel, sondern kleinwürfelig geschnittenes Fleisch. Und die edelste Zutat, das Kalbsbries, dies ist die Thymusdrüse aus dem Brustkorb des Kalbs, hat sich auch aus der Westküche längst verdünnisiert – ganz zu schweigen von historischen Zutaten wie Hahnenkämmen und diversen Zungen. Bleibt der seltsame Name. *Ragout* kommt von französisch „ragoûter", das so viel bedeutet wie „den Gaumen reizen" oder „Appetit machen". So müsste es also Reiz- oder Appetitfleisch heißen, was auch wieder missverstanden werden könnte. Tatsächlich ist der Begriff älter als die DDR. Schon das Wiener „Appetit-Lexikon" von 1894 übersetzt das pikante Gericht aus Fleischbrocken mit kräftiger, säuerlicher Sauce als „neuhochdeutsch Würzfleisch"[1].

Warum in der DDR eine sozialistische Weiterentwicklung des Würzfleisches wiederum unter französischem Namen die Speisekarten erobert hat, bleibt unbegreiflich. Das *Steak au four* – also überbackenes oder Ofen-

Steak – besteht aus Schweinesteak, das mit Würzfleisch und einer Käsescheibe veredelt wurde.

Enttäuschender kann die Bestellung eines Jägerschnitzels ausfallen. In West wie Ost wird es entgegen dem namentlichen Anschein weder aus Jägern noch von Jägern oder für Jäger zubereitet. Vielmehr kommen im Westen ein Schnitzel von Kalb oder Schwein mit einer Pilzsoße zusammen. Im Osten dagegen wird eine billige Jagdwurst-Scheibe paniert, gebraten und mit einer Tomatensoße angerichtet.

Wer noch einen Imbiss mit Ketwurst im Angebot findet, mag sich fragen, was da wohl drin ist. Bei dem ominösen Stück handelt es sich um die Siebzigerjahre-Antwort des Arbeiter-und-Bauern-Staates auf den imperialistischen *Hotdog*. Ket steht für Ketchup und Wurst für eine darmlose Bockwurst – das Ganze in einem Brötchen mit Loch.

Auf der Dessert-Karte und im Eiscafé begegnet einem wahrscheinlich der Schwedeneisbecher. Dessen Vorkommen ist seit 1952 in der DDR nachgewiesen und in Schweden wiederum unbekannt. Er setzt auf Vanilleeis, Apfelmus, Eierlikör und Sahne. Für Westgaumen eine ungewohnte, aber durchaus empfehlenswerte Geschmackskombination.

Auch wenn sie aus Pietätsgründen nicht auf der Speisekarte steht, sollten wir doch einen Moment der toten Oma gedenken. Sie hat als echte Hausmannskost im Osten eine eingeschworene Fan-Gemeinde. Keine Angst, es droht bei Verzehr keine Verurteilung wegen Kannibalismus oder Störung der Totenruhe. An dem DDR-Küchenklassiker scheiden sich allerdings die Geister wie beim seemännischen Labskaus; sehen beide Gerichte doch so aus, als seien Sie bereits einmal gegessen worden.

Hinter der toten Oma verbirgt sich eine blut- oder grützwurstartige Tiegel-Wurst, die als warmer Brei zu Stampfkartoffeln und Sauerkraut gegessen wird. Um die Abneigung gegen die tote Oma zu entpolitisieren: Im Rheinisch-Westfälischen gibt es ein ähnliches Traditionsgericht unter dem weniger dramatischen Begriff *Panhas* oder hochdeutsch Pfannen-Hase. Die tote Oma mit ihrer Hasenverwandtschaft darf keinesfalls verwechselt werden mit ihrer schleswig-holsteinischen toten Tante, unter der ein Kakao mit Rum und Schlagsahne firmiert.

Soweit zu irritierenden Ost-West-Unterschieden, aber was ist wirklich typisch für die Küche Mecklenburgs und Vorpommerns? In der Speisekarte am auffälligsten der Mecklenburger Rippenbraten. Nicht immer entspricht das Angebot der Tradition. Die verlangt Schweinerippen – und nicht etwa die bauchseitigen Schälrippen, aus denen die Nordamerikaner *Spareribs* grillen. Gefüllt wird der Braten mit Pflaumen und Äpfeln – am besten der Sorte Boskop –, eventuell Rosinen, Zimt, Rum und Semmelbrösel.

Dieser auch in Vorpommern heimische Rippenbraten ist das Flaggschiff einer ganzen Armada von landestypischen Fleisch-Frucht-Kombinationen wie Birnen, Bohnen und Speck, Tüffel un Plum – ein Kartoffeleintopf mit geräuchertem Schweinefleisch und Pflaumen –, Wismarer Speckpflaumen oder der gefüllte Pommersche Hackfleisch-Apfel. Nicht zu vergessen das Apfelgriebenschmalz sowie die mit Äpfeln und Backobst gefüllten Enten und Gänse. Zu nennen wären auch Grünkohl mit Gänseschmalz und Rosinen, oder Kartoffeln mit Äpfeln bzw. Birnen und Speck. Ähnlich kombinieren die verschiedenen Sülzen in Form von Sauerfleisch, Gänse- oder Entensauer oder Fisch in Aspik jeweils Essig und Zucker. Die süßsäuerlichen Geschmacksverbindungen erinnern manchmal an asiatische Küche, die aber trotz vieler Vietnamesen in der MV-Gastronomie keinen solchen Einfluss hinterlassen hat. Ob die Vorliebe für süß-herzhaft schwedischer Besatzung im 17. und 18. Jahrhundert zu verdanken ist, bleibt spekulativ. Es könnte auch umgekehrt die schwedische Küche Anregungen aus Mecklenburg und Pommern aufgenommen haben.

Jedoch nicht alles, was hier als landestypisch gilt, genießt diesen Ruf zurecht. Die Mecklenburger Lungenwurst zum Beispiel. Manche Zeitgenossen schüttelt es schon bei dem Gedanken, überhaupt Innereien von Schlachttieren zu essen. Lunge erscheint durch Aussehen und Konsistenz besonders abschreckend. Früher, als man bei der Schlachtung noch nachhaltig möglichst alle Teile für die Küche zu verwerten suchte, gehörten saure Lunge, Lungenhaschee oder Lungenwurst überall auf den Speiseplan.

Zumindest für die Lungwurst hat sich mit Mecklenburg-Vorpommern ein Reservat gefunden, das sie bisher vor dem Aussterben bewahrt hat. Hier bieten noch viele Metzger und selbst Supermärkte die geräucherte Brühwurst mit der auffälligen dunkelrotweinigen Farbe an. Nicht selten trügt allerdings der Name. Statt 20 bis 60 Prozent Lungenanteil werden die Traditionsknacker dann nur mit 1 Prozent abgespeist – da kann selbst jeder Innereienphobiker bedenkenlos zugreifen.

Vorbehaltlos trauen sollte man auch dem Pommerschen Kaviar nicht. Lässt der Name Fischiges erwarten, wird der Gourmet durch einen Brotaufstrich aus dem Bauchfett der Hausgans überrascht.

Eine heidnische Leckerei hält dagegen, was sie verspricht. Wer unter Götterspeise den transparenten Glibberwackelpudding der Aroma- und Farbstoffindustrie versteht, wird im Land der slawischen Götter ein kulinarisches Wunder erleben. Anders als bei Dr. Oetker laben sich die Götter hier an einem mehrschichtigen Arrangement von Schlagsahne, Sauerkirschen und altbackenem Schwarzbrot, das zerkrümelt mit Zucker und Rum oder Cognac mariniert wurde. Alkoholhaltiges für Kinder? Götter sind schließlich erwachsen.

Preiswert, reichlich und gut sind die beliebtesten Werbefloskeln der Landesgastronomie. Serviert wird ohne falsche Freundlichkeit mit einer Herbheit, die von Herzen kommt. Wie Gott in Frankreich speist man hierzulande nicht – da helfen auch Pommerscher Kaviar oder Mecklenburger Götterspeise nicht wirklich.

Fischdose, die

tritt in drei Varianten auf: Rund mit Thunfisch für die Salat- und Pizzagemeinde, rechteckig gerundet mit der Grundfläche eines Matchbox-Autos zur platzsparenden Entsorgung öliger Sardinen als Modell für öffentliche Verkehrsmittel und drittens in der klassischen ovalen Form.

Die oval verstauten Heringsfilets dienten als fast food für den Haushalt ohne Kühlschrank, für Wald- und Landarbeiter und für Touristen im Grünen. Stranderlebnis hieß einst, den Hering aus der Dose soßenkleckernd mit Blick auf dessen Biotop zu verzehren.

Die Heringskonserve ist auch ein Symbol der deutschen Spaltung: War den West-Menschen die Marke *Hawesta* aus dem Lübecker Vorort Schlutup vertraut, so den Brüdern und Schwestern aus dem Osten *RügenFisch*.

Ost wie West bieten die Filets wahlweise in Tomaten-, Senf- oder Sahnetunke. Der Euphemismus „Feine Sahne Fischfilet" wurde wiederum zum Tarnnamen einer Rostocker Punk Rock Band, die wegen Staatsfeindlichkeit („Die nächste Bullenwache ist nur einen Steinwurf entfernt") so lange durch Verfassungsschutzberichte geisterte, bis sich Bundespräsident Steinmeier im Herbst 2018 als Fan der Band outete. Frontmann Jan Gorkow mit dem Spitznamen Monchi hat ein Buch über die Evolution seines Körpergewichts von maximal 182 Kilo auf 120 Kilo verfasst.[2] Ob Hering in Sahne dabei eine Rolle spielte, kann man dort nachlesen.

Dank Meeresverschmutzung und Überfischung wurde der Hering mittlerweile vom Brotfisch des Proletariats zum Gourmethäppchen der Schickeria geadelt, wie schon Bismarck vorausahnte. Die Fischkonserve wird damit zu einer bedrohten Art. Ihrer kulturellen Bedeutung hat sich eine wachsende Gemeinde von schatzsuchenden Sondengängern in MV und darüber hinaus verschrieben. Mit Hightech-Geräten suchen sie überall nach Metall, wo Menschen einmal in der Natur gelagert haben könnten. So bergen sie tausende Fischdosen. Wie in der Fischerei gibt es zu dieser reichen Beute auch mal Beifang, zum Beispiel einen bronzezeitlichen Goldschatz bei Crivitz, römische Münzen, slawische Fibeln oder mittelalterliches Silber.

Während die Fischdose nur dem kurzen Kick des Sammlers dient, wird der Beifang zu einer wachsenden Herausforderung. Deshalb soll nun in Rostock ein Archäologisches Landesmuseum für 65 Millionen Euro als Endlager errichtet werden.

Glück, das

In der wenig glücklich klingenden Griesen Gegend Mecklenburgs liegt das Dorf Kummer. Gleich daneben ist Ludwigs Lust verortet (▶ Lulu). Das Rittergut Glückauf bei Altentreptow wurde leider in den 1990er Jahren plattgemacht. Gutglück, auf dem Weg von Ribnitz-Damgarten nach Zingst, ist dagegen als Erholungsort staatlich anerkannt.

„Fahr hin und werd glücklich" lautet der Untertitel zu dem Buch „Glücksorte an der Ostsee. Mecklenburg-Vorpommern." Geschrieben hat es ein Landeskind, die Reisejournalistin Dolores Kummer. Dolores kommt übrigens vom lateinischen *dolor* und heißt auch Schmerz und Kummer.

Glaubt man dem deutschen „Glücksatlas"[3], ist Mecklenburg-Vorpommern die schlechteste Wahl für Glücksuchende. Kann man Glück kartographisch erfassen? Der Glücksatlas versucht es seit 2011 mit jährlichen repräsentativen Umfragen zur Lebenszufriedenheit. Da gilt es zum Beispiel auf einer Skala von 1-9 die Frage zu beantworten: „Wenn sie einmal alles in allem nehmen, wie zufrieden sind sie insgesamt mit ihrem Leben?"

Bei den Umfragen 2022 und 2023 hat sich wieder gezeigt: Am glücklichsten ist man in Schleswig-Holstein, am unglücklichsten in Mecklenburg-Vorpommern. Die Interpretation der Daten beschäftigt die Medien des Landes jedes Jahr aufs Neue. Warum gerade Schleswig-Holstein? Da wird gerne die Nähe zu Skandinavien bemüht. Im World Happiness Report 2023 hat nämlich ausgerechnet das winterdepressive Finnland die Spitzenstellung. Viele Jahre galt Dänemark mit seiner *hygge* genannten Heimeligkeit als glücklichstes Land der Erde. Da mag auch ein wenig Glück über die Flensburger Förde nach Glücksburg hinübergeschwappt sein.

Warum profitiert MV nicht vom skandinavischen Glück? Der wissenschaftliche Leiter des Projekts, der Freiburger Finanzprofessor mit dem friesischen Namen Raffelhüschen, macht vier G-Faktoren verantwortlich: Geld, Gesundheit, Gemeinschaft und Genetik. Mit Genetik meint er die Sichtweise, ob das Glas halb voll oder halb leer ist. Ein eigenwilliges Verständnis von Genetik. Jedenfalls sind die Mecklenburger und Vorpommern mit Geld weit weniger gesegnet als ihre Nachbarn zwischen den Meeren. Und mit der Gesundheit sieht es auch nicht so toll aus. Die Landesregierung lobt MV zwar als Gesundheitsland, die hohen Werte für Gesundheitsleistungen im Bruttosozialprodukt verdanken sich aber den vielen Alten und Kranken. Da hilft es auch nichts, dass in MV mehr Menschen als irgendwo sonst in Deutschland eine Verbesserung ihres Lebens durch Alkohol und Zigaretten anstreben. Das mag sogar dem Faktor Gemeinschaft zugutekommen, der im ländlichen MV sicher nicht schwächer ausfällt als in urban geprägten Bundesländern. Es bleibt ein Rätsel.

Vielleicht spielen noch ganz andere Einflüsse eine Rolle. Schleswig-Holstein hat nicht nur die meisten Windräder pro Fläche, es ist auch die Glücksspiel-Hochburg der Nation. Nur dort sind Online-Glücksspiele seit langem erlaubt. Gesponsert wurde der Glücksatlas übrigens jahrelang durch die Deutsche Post, die über die weiten Wege und wenigen Bewohner in MV besonders unglücklich ist. Jetzt hat sie den Staffelstab weitergegeben – an die Süddeutsche Klassenlotterie, die zum selben Unternehmen wie die Norddeutsche Klassenlotterie gehört. Das passt zum Glücksspielland Schleswig-Holstein genauso gut wie der aus Niebüll stammende wissenschaftlichen Leiter der Glücksstudie. Aber das sind Verschwörungstheorien, die bekanntermaßen unglücklich machen.

Der Wille zum Glück ist auch in MV spürbar. Als erste deutsche Großstadt hat Rostock mit dem Dänen Claus Ruhe Madsen einen Ausländer zum Oberbürgermeister gewählt. Sein Wahlbündnis war 2019 angetreten mit dem Ziel „Rostock hyggelig zu machen – zu einem Ort, der glücklich macht"[4]. Tatsächlich hat der Glücksdäne Madsen während Corona in vielen Talkshows Eindruck gemacht. Aber die Gesamtbilanz war eher trostlos. Immerhin war ihm persönlich das Karriereglück hold. 2022 stieg er zum Wirtschaftsminister auf – allerdings in Schleswig-Holstein.

Das Dilemma mit dem Glück hat ein anderer Ostsee-Anwohner – aus dem ostpreußischen Königsberg – schon vor 250 Jahren deutlich benannt. Der Philosoph Immanuel Kant hielt damals fest: „Allein es ist ein Unglück, dass der Begriff der Glückseligkeit ein so unbestimmter Begriff, dass, obgleich jeder Mensch zu dieser zu gelangen wünscht, er doch niemals bestimmt und mit sich selbst einstimmig sagen kann, was er eigentlich wünsche und wolle."[5]

Im Blick auf den Ochsenkopf im Landeswappen macht uns ein Sprichwort Hoffnung: „Das Glück ist eine dumme Kuh: Es läuft dem größten Ochsen zu."

Hansa

vielerlei Bedeutungen, u.a.

Asteroid,

Bucht in Papua-Neuguinea,

Ortsteil von Bad Gleichenberg/

Österreich,

diverse Firmen,

Auto- und Biermarke,

Kartoffel- und Keksmarke

MV

H ansa ist die latinisierte Form von Hanse. Damit wurden seit dem zwölften Jahrhundert ein hauptsächlich norddeutscher Kaufleute-Bund – die Kaufmannshanse – und vom 14. bis 17. Jahrhundert ein Städtebund – die Städtehanse – bezeichnet. Von Lübeck bis Stettin zieht sich eine Kette alter Hansestädte an der Ostseeküste Mecklenburg-Vorpommerns entlang. Aber auch im Binnenland gab es zahlreiche Hansestädte. Zur Anerkennung als Weltkulturerbe haben es Wismar und Stralsund gebracht.

Hansa-Graffitis und -Aufkleber finden sich landesweit an Wartehäuschen, Brückengeländern, Ruinen oder Verkehrsschildern. Dieses Hansa dient nicht historischer Erinnerungspflege, sondern dem Ziel, als Spieler-Vereinigung Bälle in gegnerische Tore zu schießen – mit zeitweise gutem, vorherrschend aber mäßigem Erfolg. Wenn die Arbeit am Ball zu wünschen übriglässt, sorgen doch randalierende Hooligans für Schlagzeilen. Dann kommt Hansaplast zum Einsatz.

Was nach hanseatischen Jungs aus Rostock klingt, stammt allerdings aus dem Erzgebirge. Auch der Aufbau des Sozialismus an der Küste folgte dem römischen Motto „Brot und Spiele". Gerade nach dem Aufstand vom 17. Juni 1953 gehörten begeisterte Massen, besonders im Fußballstadion, dazu.

Nur gab es keine mitreißende Mannschaft in Rostock. Im Gegensatz dazu gehörte das Örtchen Lauter im Erzgebirge mit seinem SC Empor

Lauter zu den Spitzenreitern der DDR-Oberliga. Das machte politisch keinen Sinn und so wurden die Lauterer dazu gebracht, ihre Heimat zu verlassen und künftig als SC Empor Rostock an der Küste zu spielen. Erst 1965 wurde der Fußballclub in F.C. Hansa Rostock umbenannt.

Hühnergott, der

- Titel einer erstmals 1963 auf Deutsch erschienenen Novelle von Evgeny Jewtuschenko
- Stein mit Loch

MV

I n Abwandlung von Goethes Gedicht „Gefunden": „Ich ging am Strande so für mich hin, und nichts zu suchen, das war mein Sinn" und plötzlich fällt der Blick auf einen Stein mit Loch. Ob Kinder oder Erwachsene, solche Steine – 62 bis 94 Millionen Jahre alt – werden gern als Andenken, Schmuck oder Deco mitgenommen. Oft dienen sie als Schlüsselanhänger. Entstanden sind sie durch Auswaschung von weichem Kalk aus hartem Flint (▶ Kreta). An der Ostsee, aber auch in Kiesgruben, auf Äckern oder wo grober Kies abgeschüttet wurde, findet man sie häufig.

Aber was haben diese Steine mit den Hühnern zu tun? Auf Mecklenburg-Vorpommerns Dörfern gackern sie noch häufig im Freien. Manchmal laufen sie sogar auf der Straße herum – zum Leidwesen von Autofahrern und Hundehaltern. Brauchen diese Hühner Schutzengel oder Götter? Und wieso sollten diese Götter Flintloch-Gestalt annehmen?

Der Spekulationen gibt es viele. Manche sagen, die Steine habe man auf Fäden gezogen, um die Hühner zum Eierlegen zu animieren. Andere verweisen auf ähnliche Steine in anderen Kulturen, die etwas mit Hexen und Aberglauben zu tun haben. Im Englischen heißen sie *hag stones*, im Deutschen auch Druidengläser, Hexensteine oder Schlangeneier. Eine vergleichbare Bedeutung haben zum Beispiel auch die in der Türkei und in Griechenland allgegenwärtigen blauen Nazar-Amulette aus Glas.

Auch wenn Zauberei – böse wie gute – eine enorme Bedeutung in der ländlichen Vorstellungswelt Mecklenburg-Vorpommerns hatte, ist der

Begriff Hühnergott offenbar eine Übersetzung aus dem Russischen (*kurinyy bog*).

Der Hühnergott wurde erst 1975 in den DDR-Duden aufgenommen. Im gesamtdeutschen Duden 1990 wurde er getilgt, um in der 22. Auflage 2000 ein Come-back zu feiern. Duden hin oder her, in MV nennt man die Steine mit Loch Hühnergötter.

Hymne, die

von griechisch hymnos:

Fest- oder Lobgesang,

besonders zur Preisung der Götter

Seit über 100 Jahren wird das Lied eines mecklenburgischen Kuhhirten als deutsche Nationalhymne gesungen – wenn auch ganz anders, als der Autor ursprünglich gedacht hatte. Geschrieben hat sie unser Kuhhirte 1841 in einer britischen Kronkolonie, die heute die einzige deutsche Hochseeinsel ist – dank Bismarck, der den Briten im Tausch Sansibar, nein, nicht die Sansibar auf Sylt, sondern die deutsche Kolonie vor der Küste Ostafrikas überließ.

So kam Helgoland 1890 heim ins Reich und das war wohl auch die erste Gelegenheit, bei der das „Lied der Deutschen" staatsoffiziell mit Kaiser zu Gehör gebracht wurde. Nach dem Zweiten Weltkrieg entvölkerten die Briten die Insel und versuchten sie mit der größten nichtnuklearen Sprengung auszuradieren. Alle Versuche zeitigten nur Teilerfolge.

Als der Kuhhirte „Deutschland, Deutschland über alles" dichtete, richtete sich das nicht gegen Nachbarn, sondern die eigene Obrigkeit. Dabei passte die Melodie von Joseph Haydn so gar nicht zur Weltanschauung unseres Kuhhirten. Stand sie doch unter dem Motto: „Gott erhalte Franz den Kaiser". Der hatte sich im Deutschen Bund mit einem Kaiserreich der Habsburger, fünf Königreichen, einem Kurfürstentum, sieben Großherzogtümern – davon zwei in Mecklenburg – zehn Herzogtümern, elf Fürstentümern und vier reichsfreien Städten eingerichtet. Jeweils mit eigenen Zöllen, Währungen, Gesetzen und so weiter. „Von der Maas bis an die Memel, von der Etsch bis an den Belt", das waren damals die Gebiete deutscher Zunge, welche innerhalb des Deutschen Bundes beziehungsweise Preußens lagen. Nur Schleswig-Holstein am Südzipfel des kleinen Belts befand sich noch unter dänischer Hoheit „Einigkeit" meinte staatliche Einheit statt Kleinstaaterei, „Recht" ein Bürgerliches Gesetzbuch mit unabhängiger Justiz. „Freiheit" umfasste die Grundrechte zum Beispiel auf Meinungs-, Versammlungs- und Pressefreiheit. Dafür trat der Autor zum Beispiel mit seinen seit 1840 erschienenen „Unpolitischen Liedern" ein.

Solch demokratische Renitenz machte August Heinrich Hoffmann von Fallersleben – so hieß der Kuhhirte – zum Staatsfeind. Der preußische Staat entfernte ihn aus seinem Amt als Professor an der Universität Breslau, strich ihm die Pension und verfolgte ihn mit dutzenden Ausweisungsbefehlen im Rahmen der Karlsbader Beschlüsse gegen Demokraten.

Hoffmann von Fallersleben hatte Fans unter einigen linksliberalen bürgerlichen Gutsbesitzern in Mecklenburg. Der Holdorfer Gutspächter Rudolf Müller und der Buchholzer Gutsbesitzer Dr. Samuel Schnelle aus der heutigen Gemeinde Dobin am See luden ihn 1843 nach Mecklenburg ein. Aufgrund der noch herrschenden Feudalverfassung verlieh Schnelle dem politisch Verfolgten 1845 das „Heimatrecht" auf seinem Gut als Kuhhirte – eine humorvolle Tarnung. Kühe hat der Professor wohl nie gehütet. Der begeisterte Büchersammler lagerte seine Bibliothek in der Holdorfer Gutsscheune ein und bereiste von hier aus ganz Deutschland, Italien und die Schweiz, um für die Revolution zu werben. Aber auch Wein, Weib und Gesang ließ der trinkfeste und gesellige Dichter hochleben. Über seine Mecklenburg-Erfahrungen schrieb er im Januar 1846: „Der Meklenburger ... übertrifft in einem Punkt alle Deutsche: Er übt eine Gastfreundschaft, die nicht aus Eitelkeit und Dickthun, sondern aus einem wahren Herzensbedürfnis entspringt."[6]

In der Revolution 1848/49 entwickelten Müller, Schnelle und sein Kuhhirte die „20 Forderungen des mecklenburgischen Volkes" für eine demokratische Ordnung. Eine Zeit lang schienen sie Erfolg zu haben, aber 1850 obsiegte die alte Ordnung.

1849 konnte Hoffmann von Fallersleben nach Preußen zurückkehren, pflegte die Beziehungen nach Mecklenburg aber weiter. Schließlich fand er Anstellung als Bibliothekar in Corvey an der Weser.

Sein Lied der Deutschen wirkt über seinen Tod 1874 hinaus und wohl anders, als er sich vorgestellt hat. Des Kaisers Oberste Heeresleitung machte im Ersten Weltkrieg eine Propagandastory daraus, dass deutsche Studenten mit diesem Lied auf den Lippen im feindlichen Feuer fielen. Nach dem Fall des Kaisers erklärte der sozialdemokratische Reichspräsident Friedrich Ebert alle drei Strophen zur Nationalhymne für die Republik.

„Deutschland, Deutschland über alles" wurde auch zum Kampfruf der Rechten. Hitler gefiel zumindest die erste Strophe und er verband sie mit dem anzuschließenden – heute verbotenen – Horst-Wessel-Lied: „Die Fahnen hoch! Die Reihen fest geschlossen! SA marschiert mit ruhig festem Tritt..."

Mit dem Untergang des Deutschen Reiches 1945 stellten die Alliierten das Singen des Deutschlandlieds unter Strafe. Als Ersatz behalf sich der 1949 gegründete Weststaat mit dem, was heute als Hymne der Europäischen Union dient, nämlich Schillers Ode an die Freude zu den Klängen Beethovens: „Freude, schöner Götterfunken – Tochter aus Elysium – Wir betreten feuertrunken – Himmlische, dein Heiligthum! – Deine Zauber binden wieder – Was die Mode streng geteilt; – Alle Menschen werden Brüder – Wo dein sanfter Flügel weilt".

Mit der Zuspitzung des Kalten Krieges im heißen Korea-Krieg zu Beginn der 1950er Jahre bekamen die restaurativen Kräfte in Westdeutschland Auftrieb und das hieß: Zurück zum Lied der Deutschen. Als Konrad Adenauer in Berlin 1950 die dritte Strophe spielen ließ, war das noch ein Skandal.

Bundespräsident Heuss wünschte sich eine neue Hymne, aber kein Vorschlag zündete. Schließlich willigte er ein, Hoffmann von Fallerslebens Schöpfung zu reaktivieren. Dabei blieb in dem entscheidenden Briefwechsel zwischen Bundeskanzler Adenauer und ihm offen, ob alle drei Strophen oder nur die dritte mit „Einigkeit und Recht und Freiheit sind des Glückes Unterpfand" offiziellen Rang haben sollte. Heuss begründete seine Zustimmung nicht zuletzt mit der 1952 bevorstehenden Rückgabe Helgolands und der Rückkehr der Bewohner auf ihr zerbombtes Eiland. Das hielt er für eine passende Gelegenheit, das Deutschlandlied wieder zu spielen.

Mehr Glück hätte die DDR mit ihrer Hymne haben können. „Auferstanden aus Ruinen und der Zukunft zugewandt" – gut gereimt von A bis Z in den ersten zwei Zeilen, transportierte sie eine Botschaft, die zeitgemäß und doch zeitlos stimmig war. Die SED-Führung war begeistert – auch über die vierte Zeile „Deutschland, einig Vaterland". Denn das war damals die Devise gegen die „Bonner Spalter". Dichter Johannes R. Becher hatte sich mit seinem Text verdient gemacht, der obendrein antimilitaristisch und sogar klimatisch wegweisend war: „Denn es muss uns doch gelingen – daß die Sonne schön wie nie – über Deutschland scheint ...laßt das Licht des Friedens scheinen – daß nie eine Mutter mehr – Ihren Sohn beweint".

Mit der Anerkennung der deutschen Zweistaatlichkeit in den Ostverträgen sollte es ab 1973 nur noch ein sozialistisches Vaterland im Osten geben. Mehr und mehr wurde die Hymne mit dem „einig Vaterland" ohne Text gespielt. Die Melodie von Hans Eisler, dem erfolgreichsten kommunistischen Komponisten der Zeit, war einprägsam und herzergreifend. Es konnte allerdings passieren, dass sich DDR-Bürger auch von den Sitzen erhoben, wenn das von Peter Kreuder schon 1939 für Hans Albers komponierte „Goodbye Johnny" gespielt wurde. Das war doch recht ähnlich.

In der Wendezeit 1989/90 wurde die Becher-Eisler-Hymne wieder mit Inbrunst gesungen – schließlich auch wegen des „einig Vaterland". Warum haben sich Bundeskanzler Kohl und Bundespräsident Weizsäcker im November 1991 eigentlich für die dritte Strophe des Deutschlandliedes und nicht für „Auferstanden aus Ruinen" entschieden?

Wir werden also weiter Staatsoffizielles mit dem Lied unseres Kuhhirten intonieren. So wie bisher auch mit demselben Text unterschiedliche Staatsordnungen und Zeitgeiste besungen wurden. Wie seine zahllosen Kinderlieder, von denen viele in Fallerslebens Mecklenburger Zeit entstanden sind. Zum Beispiel „Alle Vögel sind schon da", „Ein Männlein steht im Walde" oder „Bald nun kommt der Weihnachtsmann".

Ein Lied aber ist frei von Missbrauch und zu einer wahren Bürgerhymne geworden. Seine Vorläufer gehen bis zu Walther von der Vogelweide im Mittelalter zurück. Der Kuhhirte war es, der ihm die finale Form verpasst hat:

> „Die Gedanken sind frei,
> Wer kann sie erraten?
> Sie rauschen vorbei
> Wie nächtliche Schatten.
> Kein Mensch kann sie wissen,
> Kein Jäger sie schießen.
> Es bleibet dabei:
> Die Gedanken sind frei"

Ikarus

Griechische Sagenfigur

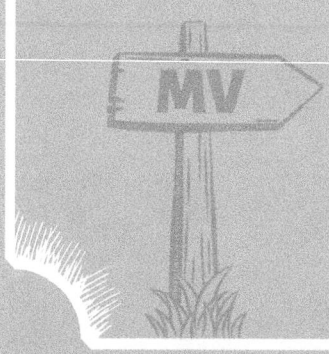

Anklam ist eine alte vorpommersche Hansestadt an der Peene mit heute 12.000 Einwohnern. Sie hat schon bessere Zeiten gesehen. Da liegt es nahe, sich glorreicher Vergangenheit zu besinnen, zum Beispiel großer Söhne oder eventuell auch Töchter der Stadt.

Der Anklamer, der es zu Weltruhm brachte, heißt Otto Lilienthal. Er wurde hier 1848 in einer Kaufmannsfamilie geboren und gilt als der erste Mensch, der es schaffte, gegen die eigene Schwerkraft aktiv zu fliegen. Bis dahin funktionierte es nur mit Ballons oder Luftschiffen, die ihren Auftrieb aus Heißluft oder Gas bewerkstelligten. Aber seit Jahrtausenden träumte die Menschheit davon, sich vogelgleich aus eigener Kraft in die Lüfte zu erheben.

Anders als zum Beispiel der Schneider von Ulm, der 1811 bei einem Flugversuch mit Stoffschwingen abstürzte, ging Lilienthal systematisch mit aerodynamischen Versuchen und Berechnungen vor. So wollte er die richtige Form der Flügel aus Stoff und Weidenholz entwickeln. Damit gelangen ihm zwischen 1891 und 1896 circa 2.000 Gleitflüge zwischen 25 und 250 Meter. Hundertfach wurde das fotografiert. Lilienthal fertigte seine Flugapparate sogar in Serie und verkaufte sie mit Gewinn.

Die Gebrüder Wright, die den ersten gesteuerten Motorflug wenige Jahre später schafften, lobten Lilienthal als grundlegend für ihren Erfolg. Bei seinem letzten Flug vom Gollenberg beim brandenburgischen Stölln wurde Lilienthal von einer Sonnenböe, einen plötzlichen Auftrieb mit anschließendem Strömungsabriss, erfasst und kam zu Tode.

Noch in Anklam hatte Lilienthal sich als Gymnasiast mit Vogelflug und Flugexperimenten befasst. Aber bereits 16-jährig ging er zur weiteren Ausbildung als Maschinenbauer nach Potsdam und Berlin. All seine Gleitflüge fanden in und um Berlin statt.

Wie macht man daraus etwas für das Stadt-Marketing Anklams? Da existiert schon seit 1991 ein kleines Lilienthal-Museum. Auch gibt es einen Flugplatz, aber erst seit 1937. Zu DDR-Zeiten wurde er hauptsächlich für Agrar-Flugzeuge genutzt, um Chemikalien auf Felder zu versprühen. Heute glänzt er neben ein bisschen Flugbetrieb mit kleinen Leichtflugzeugen durch Trabbi-Treffen und Nikolaus-Fliegen.

Anklam hat aber mit der gotischen Nikolaikirche ein riesiges Bauwerk ohne angemessene Verwendung. Die Idee: Hier entsteht als größtes Projekt der Stadt ein neues Lilienthal Flight Museum. Für einen zweistelligen Millionenbetrag ein internationales Vorzeigeprojekt und eine Erlebniswelt zur Geschichte des Fliegens. Weil Stralsund mit seinem Ozeaneum so erfolgreich war, Rostock davon mit dem Darwineum gut gelernt hat und Waren mit seinem Müritzeum glänzt, braucht auch Anklam ein -eum.

Welcher Name taugt wohl für den Mythos des Fliegens? Richtig: Ikarus, der sich der Sage nach in grauer Vorzeit mit künstlichem Gefieder aus kretischer Gefangenschaft erhob und tragisch ins Meer stürzte, das deshalb das Ikarische heißt.

Ebenso tragisch ist der Vergleich von Ikarus und Lilienthal. Das Einzige, was beide verbindet, ist der tödliche Absturz. Lilienthal war ein genialer Erfinder, der zum Beispiel auch Bergbaumaschinen entwickelte. An vielen auch fliegerischen Projekten arbeitete er zusammen mit seinem Bruder Gustav, einem erfolgreichen Architekten; ihrer Idee verdanken wir zum Beispiel den bis heute produzierten Anker-Steinbaukasten. Ikarus dagegen war ein ahnungsloser Junge, der die Fluganweisungen seines genialen Vaters missachtete. Der hatte ihm eingeschärft, unbedingt Abstand zur Sonne zu halten, damit das Wachs der Flügel nicht schmilzt. Genau das aber machte Ikarus im jugendlichen Übermut. So tropfte das Wachs und die Vogelfedern flogen davon. Menschliches Versagen.

Das väterliche Genie hieß Dädalus. Sagenhaft wurde er als Erfinder von Senkblei, Säge und Bohrer sowie als Holzkünstler, der eine kuhförmige Sexattrappe baute, um den Minotaurus zu zeugen, ein Mischwesen von Menschenleib und Stierkopf. Leider war er auch ein mieser Charakter, denn er stürzte seinen Neffen von der Athener Akropolis, weil er ihn als Konkurrenten fürchtete. So hätte auch ein Dädaleum kritische Fragen aufwerfen können.

Andererseits: Wenn Anklam ein Ikareum bekommt, könnte man ganz Mecklenburg-Vorpommern zu einem Dädaleum machen. Das Land wurde nämlich im frühen 20. Jahrhundert zu einem Eldorado der Fliegerei und erlebte dadurch den vielleicht wichtigsten Industrialisierungs- und Modernisierungsschub.

Schwerins Dädalus hieß Anthony Fokker. Er kam aus der niederländischen Kolonie Java und gehörte zu den Verrückten, die schon zu Zeiten von Kaiser und Großherzog süchtig nach Motorflug waren. Der erste gesteuerte Motorflug der Gebrüder Wright im fernen North Carolina war gerade erst zehn Jahre her, da eröffnete Fokker 1913 eine Flugzeugfabrik in Schwerin. Deren hölzerne Hallen stehen heute noch in der Bornhövedstraße direkt am Schweriner See. Auch der ehemalige Flugplatz in Schwerin-Görries geht auf Fokker zurück.

Der Dädalus aus Java erfand zum Beispiel eine Synchronisation, mit deren Hilfe ein Maschinengewehr zwischen den Flügelschlägen des Frontpropellers hindurch schießen konnte. So wurde in Schwerin das erste

Jagdflugzeug der Geschichte gebaut. Heute ist ein Exemplar im Phantechnikum in Wismar zu bestaunen.

Der erste Weltkrieg schaffte für Fokker eine riesige Nachfrage. In fünf Jahren baute er in Schwerin 3.400 Flugzeuge. 1919 war Schluss, weil der Versailler Vertrag Deutschland den Flugzeugbau weitgehend verboten hatte. Fokker ging mit seinen Flugzeugen in die Niederlande und schließlich in die USA.

Aber Fokker hat Schwerin verändert. Die Residenzstadt glänzte zu Jahrhundertbeginn mit zwei friedlichen Pianofabriken und reichlich Handwerk für die herzogliche Hofhaltung. Plötzlich arbeiteten 1.800 Menschen – nicht zuletzt aus Pianofabriken – am damaligen High-tech für Piloten.

Nach dem Weggang Fokkers wurde Rostock mit seinem Seebad Warnemünde zum Mekka des Flugzeugbaus. Schon 1916 startete in Warnemünde ein Zweigwerk der Flugzeugbau Friedrichshafen GmbH. Hinter dieser steckte der berühmte Luftschiff-Graf Zeppelin, dessen Vorfahren aus Mecklenburg stammen (▸ Zepelin). Daraus wurden die Arado Flugzeugwerke, die Ende 1944 über 30.000 Beschäftigte in zahlreichen Zweigwerken zählten. Vom Wasserflugzeug über Sport- und Trainingsmaschinen bis zu Bombern lieferten sie legendäre Leistungen. Ein Teil wurde schließlich sogar in Anklam produziert und ließ die Stadt aufblühen.

Der wahre Dädalus Rostocks heißt Ernst Heinkel. Er baute in den dreißiger und vierziger Jahren die schnellsten Verkehrs- und Militärflugzeuge der Welt, lieferte Bordflugzeuge, die per Katapult von transatlantischen Postdampfern starteten oder konstruierte den Schleudersitz. Die Heinkel Werke wurden schon vor dem Zweiten Weltkrieg mit 9.000 Mitarbeitern der größte Industriebetrieb Mecklenburgs. Um all die Arbeiter unterzubringen, ließ Heinkel ganze Stadtviertel mit Werkswohnungen bauen, zum Beispiel das Rostocker Komponistenviertel mit einem damals herausragenden Wohnstandard.

Wegen der Besetzung Rostocks floh Heinkel 1945 in den Westen. Die Fabriken wurden demontiert und großenteils gesprengt. Ein Rest begrüßte jeden Besucher aus dem Westen noch nach der Wende: Die Heinkel-Mauer, ein 85 m langer und über 9 m hoher Backsteinkoloss als stehengebliebene Schauwand einer großen Werkshalle. Trotz Denkmalschutz wurde sie 2018 gegen viele Proteste abgerissen.

Zum Dädalus von Ribnitz wurde der Vorpommer Walter Bachmann. Mit seinen Erfahrungen als Einflieger im Ersten Weltkrieg hatte er 1923 in Warnemünde die erste deutsche Land- und Seeflugschule eröffnet. 1933 zog er nach Ribnitz um und gründete hier die Walter Bachmann Flugzeugwerke. Mit Zulieferung und Reparatur für Arado und Heinkel beschäftigten sie fast zweieinhalbtausend Menschen – wie immer in der NS-Kriegswirtschaft auch zahlreiche Kriegsgefangene und Zwangsarbeiter.

Als Dädalus Wismars bewährte sich Claude Dornier aus Zeppelins Talentschmiede am Bodensee. Er hatte sich mit Riesenflugzeugen einen Namen gemacht, aus denen in den zwanziger und dreißiger Jahren der weltweit erfolgreiche Dornier Wal entwickelt wurde. 1933 kaufte er in Wismar die insolventen Werke des Industriepioniers Podeus für das Dornier Werk Wismar. Hier wurden an der heutigen Podeus-Straße, auf dem heutigen Werftgelände und auf dem Haffeld am heutigen Flugplatz Müggenburg riesige Werke errichtet. 1939 fertigten hier schon mehr als 3.000 Menschen Flugzeuge verschiedener Typen – meist in Lizenz.

Wernher von Braun, der aus seiner vorpommerschen Heimat den Weltraum erreichte, sei hier nur der Vollständigkeit halber erwähnt (▶ Unendlichkeit).

Wenn all dies und noch viel mehr kein Dädaleum Mecklenburg-Vorpommern ergibt, hängt das mit dem größten Irrtum Lilienthals zusammen. Er träumte vom Frieden durch Fliegen. Weil mit dem freien, unbeschränkten Flug der Menschen Grenzen ihre Bedeutung verlieren würden, entstehe „das zwingende Bedürfnis, die Streitigkeiten der Nationen auf andere Weise zu schlichten als mit den blutigen Kämpfen um die imaginär gewordenen Grenzen". Die Fliegerei „würde uns den ewigen Frieden verschaffen"[7]. Das Dädaleum Mecklenburg-Vorpommern beweist leider das Gegenteil. Deshalb erscheint es dem Landesstolz heute eher peinlich.

Produktion von Flugzeugen im Nordosten fand in der DDR nicht mehr statt. Die Infrastruktur der Flugplätze wurde hauptsächlich von den Sowjets für den Kalten Krieg genutzt.

Was zu Beginn des Jahrhunderts als Heldengeschichte der Ingenieure begonnen hatte, endete nach der Wiedervereinigung als Groteske. Mecklenburg-Vorpommern verfügt heute über 17 Flugplätze, darunter eine Handvoll Verkehrsflughäfen, denen nur der Verkehr fehlt. Der größte in Laage bei Rostock ist immer wieder von Schließung bedroht. Der Versuch, ein Airbus-Zweigwerk hier anzusiedeln, ist Ende der 1990er Jahre gescheitert.

Einer der Airbus-Gründer, Ludwig Bölkow, stammt aus Schwerin, wo sein Vater als Tischlermeister bei Fokker gearbeitet hatte. In Ehrung des Industriepioniers hat die Industrie- und Handelskammer gegenüber dem Herzogsschloss ihr Ludwig-Bölkow-Haus errichtet. Eine Hommage ohne fliegerische Relevanz.

Der Militärflugplatz Parchim sollte mal zum gemeinsamen Airport für Hamburg und Berlin ausgebaut werden – angeschlossen durch eine Transrapid-Magnetschwebebahn. Ein Luftschloss, wie es wohl auch der in die Debatte gebrachte Weltraumbahnhof Rostock bleiben wird.

Den Flughafen Parchim hat schließlich der Chinese Pang Yuliang gekauft, der sich hier vertrauensbildend Jonathan Pang nennt. Der Kauf-
preis betrug 30 Millionen Euro, von denen er sogar 18 Millionen bezahlt
hat. Eine seiner Ideen: Millionen Chinesen fliegen zum Shoppen nach
Parchim und zurück und sparen sich so lästige Ausflüge in deutsche Metropolen. Irgendwie funktionierte das nicht und Pangs Airport ist mittlerweile pleite. Er war allerdings clever genug, rechtzeitig den Immobili-
enbesitz von der Betreiber-Gesellschaft des Flughafens abzuspalten. Für
das Immobilienvermögen gibt es nun keine ladungsfähige Anschrift,
deshalb klappt eine Zwangsversteigerung nicht. Dem Flughafengelände
verschafft das ungestörte Ruhe. Das Projekt ist allerdings nicht ganz er-
folglos. Herausgekommen ist 2016 ein tragikomischer Dokumentarfilm,
der preisgekrönt wurde. Titel: „Parchim International".

Eine imposante Transformation in die neue Zeit hat dagegen ein Projekt
geschafft, dessen Gründung wir dem kaiserlichen Heer verdanken. Dies
legte beim Müritz-Dorf Rechlin 1916 den Grundstein für eine Flieger-
Versuchs- und Lehranstalt. Die Nazis machten daraus die größte Erpro-
bungsstelle der Luftwaffe im Deutschen Reich. Hier wurde der erste Jet
der Fluggeschichte aus Heinkels Werk 1939 getestet, hier erblickten
Schleudersitz, Autopilot und moderne Fallschirme das Licht der Welt.

Nach dem Abzug der Sowjets wuchs hier zusammen, was zusammenge-
hört. Auf dem Rechliner Flugplatz Lärz (in der Nähe von ▶ Troja), wo Hitlers Piloten mit Amphetamin-Drogen für den Endsieg gefüttert wurden,
findet seit 1997 die „Fusion" statt. Das 80.000-Teilnehmer-Festival des
Vereins Kulturkosmos ist neben der Musik heute ein Markt für Hitler
Speed und viele andere Substanzen, die für eine Woche Spaß sorgen.
Der Verein nennt das Ferienkommunismus. So ist Lilienthals Idee fried-
licher Grenzüberwindung auf dem Flugplatz in ungeahnter Weise Wirklichkeit geworden. Hoffentlich ohne ikarusgleichen Absturz aus dem
Rausch.

Kreta

Griechische Insel im Mittelmeer

Was hat die größte Insel Griechenlands mit der größten deutschen Insel Rügen zu tun? Die vielen Sonnenstunden – Rügen wirbt schließlich mit dem Titel der sonnenreichsten Insel Deutschlands, auch wenn man das auf Usedom, Hiddensee oder Fehmarn anders sieht. Auf jeden Fall sind Kreta wie Rügen touristische Top-Ziele. Und reichlich Fischgerichte gibt es hier wie dort. Auch Schafe beweiden beide Landschaften. Nun ja...

Zugespitzt: Was Rügen heißt, ist eigentlich das vorpommersche Kreta. Verantwortlich dafür sind die Panzer-Geißeltierchen. Bedauerlicherweise werden sie von Besuchern und Bewohnern Rügens übersehen. Sie bringen es nämlich maximal auf eine Größe von 30 Mikrometer, das ist mit 0,03 Millimeter dünner als ein menschliches Haar. Diese Kalkflagellaten – oder ganz wissenschaftlich Coccolithophoriden – haben sich an der Stelle Rügens vor fast 70 Millionen Jahren zahlreich im warmen Meer getummelt. Dem Weg alles Irdischen folgend, sind sie auf den Meeresboden abgesunken. Ihre nanogroßen Kalkpanzer haben sich in Kalkschlamm verwandelt, die Basis der Kreide. Die wuchs jedes Jahr um einen halben Millimeter, das sind immerhin 50 cm in einem Jahrtausend.

Über Millionen Jahre entstand so eine Kreideformation, die auf Rügen an den imposanten Kreidefelsen sichtbar wird. Sie bildet aber auch den Untergrund der ganzen Insel. Vierzig aufgelassene Tagebaue bezeugen das. Die Rügener Schreibkreide, die zu über 90 Prozent aus den Panzer-Geißeltierchen besteht, war und ist begehrt. Nicht nur beim Schreiben, wo sie längst durch Gips ersetzt wurde. Kreide braucht man für Farben, was einleuchtet. Aber auch für so unterschiedliche Anwendungen wie Rauchgasentschwefelung, Reifen- und Papierproduktion, als Putzmittel für Haushalt und Zähne oder als Heilkreide für schlammige Physiotherapie. Auf Rügen ist heute nur noch ein Kreide-Tagebau in Klementelvitz in Betrieb.

Den Panzer-Geißeltierchen verdanken wir auch militärische Glanzleistungen. Die in ihrem Kalkschlamm eingeschlossenen Kieselalgen haben mit ihrer Kieselsäure – Siliziumdioxid – zur Bildung von Feuersteinknollen in der Kreide geführt. Wo die Kreidelagerstätten aufgeschlossen werden, kann man noch ihre schichtmäßige Verteilung sehen. Alle Feuersteine an der Ostsee – und die sind reichlich – wurden aus Kreide ausgewaschen und von Gletschern wie Wellen weit verbreitet.

Mit Feuersteinen kann man aus dem ebenfalls in der Kreide gebildeten schwefelhaltigen Pyrit Funken zum Feuermachen schlagen. Der Flint, wie der Feuerstein auch heißt, erzeugt seit dem 17. Jahrhundert in der Steinschloss-Flinte den Funken zur Entzündung des Schwarzpulvers und löst so den Schuss aus. Weil Feuerstein glasscharf splittert, wurden daraus in der Steinzeit auch die ältesten Messer, Schaber oder Pfeilspitzen gefertigt.

Man kann die vielen Steine aber auch einfach ästhetisch genießen. Sie bilden sich in skurrilen Formen, die an Köpfe, Tiere, Körper und Gliedmaßen erinnern. Auch in abgestorbenen Muscheln und Seeigeln sind sie gewachsen. Dabei haben sie deren Formen angenommen und so schönste Versteinerungen geschaffen. Das gilt besonders, wenn sie frisch aus der Kreide kommen und noch nicht vom Wellengang rundgearbeitet wurden.

Ästhetik und Naturerlebnis führen die Menschen in großer Zahl an die Kreidefelsen Rügens. Man kann sie aber auch im schweizerischen

Winterthur bestaunen. Dort hängt im Museum Caspar David Friedrichs berühmtes Bild „Kreidefelsen auf Rügen" von 1818.

Kreide ist bekanntlich weich. Die sogenannten Felsen sind deshalb ziemlich fragil, und die Steilküste ist in ständiger Bewegung. Etliche Strandwanderer und Kletterer sind so im Laufe der Zeit zu Tode gekommen.

Aber zurück zu Kreta. Rügen ruht auf Kreta. Kreta ist nämlich der weiße Überrest der Panzer-Geißeltierchen. So nannten die Römer die Kreide, die sie von der Insel Creta holten. Das deutsche Wort Kreide hat sich aus dem lateinischen *creta* entwickelt. Die Plattdeutschen sagen zur Kreide *Kried*, das klingt fast wie das neugriechische *Kriti* für Kreta.

Kuchen, Sternberger, der

„**B**acke, backe, Kuchen, der Bäcker hat gerufen, wer will guten Kuchen backen, der muss haben sieben Sachen: Eier und Schmalz, Butter und Salz, Milch und Mehl, Safran macht den Kuchen gehl."

Das gelb färbende Safran ist heute aus den Backstuben weitgehend verschwunden, aber die übrigen Zutaten prägen immer noch den Bäckerkuchen – jedenfalls wenn wir Schmalz als Platzhalter für Fett verstehen.

Der Volkskuchen ist auch in Mecklenburg-Vorpommern der Platenkuchen. Er ist eigentlich entstanden aus dem Brotbacken im Lehmbackofen. Nach dem Brand wird die erste starke Hitze für das Brot genutzt, bei uns war das aus Roggen-Sauerteig. Die Restwärme reichte für den leichten Hefe- oder Rührkuchen auf dem Blech.

Für die raffinierteren Verführungen ist das Konditoren-Handwerk unter dem Symbol des Baumkuchens zuständig. Es entstammt der höfischen Zuckerbäckerei des Barock mit Festtafel-Skulpturen aus Zucker und Traganth. Mit der Verbilligung des Zuckers und der Entstehung einer bürgerlichen Schicht im Biedermeier des 19. Jahrhunderts entstand eine reiche Produktpalette für Café und Ladengeschäft. Konditorei wurde zu einem kulinarischen Kunsthandwerk, dessen moderne Form schließlich durch die Reformbewegung des Bauhauses in den zwanziger Jahren geprägt wurde.

Glücklicherweise ist Mecklenburg-Vorpommern gesegnet mit vielen Vertretern dieser Kunst, die zum Beispiel auf die Namen Rothe in

Schwerin, Senf in Wismar, Braun in Bad Doberan, Gumpfer in Stralsund und Sassnitz oder Komander in Grammentin hören.

Leider gilt auch bei der Konditorei, dass kunstvolle Handwerksqualität und Massengeschmack schlecht zueinander finden. Davon zeugen nicht nur die Kuchentheken der Backshop-Ketten, sondern vor allem das meistverbreitete Zuckerwerk, das aus der mecklenburgischen Elde-Stadt Grabow rund um die Welt geht. Dort begann 1835 Friedrich Bollhagen mit der Pfefferkuchen- und Biskuit-Produktion – offenbar qualitativ überzeugend, denn er stieg zum Hoflieferanten des Schweriner Großherzogs auf. Heute ist das Unternehmen in der Hand einer internationalen Investoren-Gruppe. Die Grabower Schaumküsse oder auch Küsschen tragen den Namen der Stadt millionenfach in die Welt.

Im Unterschied zu den politisch korrekten aber zahnmedizinisch problematischen Grabower Süßigkeiten überzeugt der Sternberger Kuchen mit einer völlig anderen Konsistenz. Es handelt sich um ein Dauerbackwerk der Extraklasse, das – wie heute geschätzt – absolut kalorienfrei ist. Vegan dürfte man den Sternberger Kuchen vermutlich nicht nennen, denn er besteht hauptsächlich aus einer Art Frutti di Mare.

Gebacken wurde der Sternberger Kuchen in einem völlig natürlichen Prozess ohne menschliche Manipulationen vor bereits circa 28 Millionen Jahren. Backstube war die relativ warme Ur-Nordsee, wo heute Mecklenburg ist. Alles, was dort zu Boden sank, backte mit Sand und Ton zusammen: Muscheln und Schnecken, Seeigel, Fische, Korallen, Zähne von Haien, Reste von Walen, Seesterne, Krabben und vieles mehr. Die hellen Kalkfossilien heben sich in dem bräunlichen Sedimentgestein bestens ab. Was wir von diesem Meeresboden finden, bewegt sich nur in Größen, die in ein Kuchen-Buffet passen. Die Fundstücke wurden nämlich von den Gletschern an die Oberfläche geschoben und gingen dabei zu Bruch. Aber jedes Kuchenstück enthält genug Material für ein längeres

Fossilienstudium. Rund 600 verschiedene Tier- und Pflanzenarten wurden bisher in diesem fossilienreichsten Gestein Norddeutschlands nachgewiesen.

Der Name verweist darauf, dass die Gletscher den Kuchen in besonders großer Zahl zwischen Sternberg und Schwerin hinterlassen haben. Sternberg ist eine historisch bedeutende Kleinstadt Mecklenburgs, wo die Landtage über Jahrhunderte die Landesgeschicke lenkten. Es passt zum Sternberger Kuchen, dass hier auch die Geologische Landessammlung Mecklenburg-Vorpommerns ihren Sitz hat. Umso schmerzlicher fällt auf, dass sich hier keine Konditorei finden lässt.

Landeslied, das

Ein Land, das auf sich hält, hat ein Lied, das die eigene Identität feiert. Manche haben offizielle Landeshymnen mit Verfassungsrang „Gott mit Dir, Du Land der Bayern" oder die „Stadt Hamburg an der Elbe Auen". Andere begnügen sich mit einem inoffiziellen Landeslied, zum Beispiel „Schleswig-Holstein meerumschlungen" oder die „Berliner Luft, Luft, Luft".

Wie überall fing es auch in Mecklenburg mit den Hymnen der Herrscherhäuser an. Sie gaben dem biederen treuen Volk Gelegenheit, eine untertänigste Liebeserklärung an den guten Landesvater hinauszuposaunen. Modell dafür war die seit circa 1745 bis heute gültige britische Hymne „God Save the Queen" – oder auch den King. Nach derselben Weise ließen sich die preußischen Hohenzollern mit „Heil dir im Siegerkranze" feiern – seit 1793 bis zum bitterem Ende 1918.

Im Schweriner Großherzogtum sang man „Gott segne Friedrich Franz und seiner Krone Glanz". Pathetisch pries sein Volk „sein erhabnes Haupt, vom Eichenkranz umlaubt". Hier gab ebenfalls die Melodie von „God save the Queen" den Ton an.

Gegenüber dem verquasten Schweriner Text hat sich das Großherzogtum Mecklenburg-Strelitz 1836 eine Hymne gegeben, die durchaus originell war, weil sie statt Herrscherhaus Land und Leute in den Mittelpunkt stellt: „Wie heißt der Gau im deutschen Land, gesegnet reich von Gottes Hand ... er wird genannt Vandalia ... mit Ehren wird es stets genannt, das Volk im Mecklenburger Land".

Nur leider besingt die „Vandalia" genannte Hymne das Vandalenland. Wollten die Mecklenburger hausen wie die Vandalen? Jene Germanen, die unter ihrem König Geiserich 455 Rom plünderten? Ein doppeltes Missverständnis. Die Vandalen wurden zu Unrecht zum V-Wort, denn sie beraubten Rom ohne sinnlose Zerstörungen und errichteten ein Reich in Nordafrika – vom heutigen Libyen bis zum heutigen Algerien mit Karthago als Hauptstadt.

Der Begriff des Vandalismus tauchte erst 1794 auf, um das Wüten der Jakobiner in der französischen Revolution zu brandmarken.

Bei der vandalischen Selbstverortung sind die Mecklenburger und ihr Songwriter, der Volksschullehrer Johann Friedrich Bahrdt, auf den Gelehrten Albert Krantz reingefallen, der Anfang des 16. Jahrhunderts aus der klanglichen Ähnlichkeit von Wenden und Vandalen ableitete, es seien dieselben. Aber die slawischen Wenden im Nordosten sind den germanischen Vandalen, die Rom eroberten, wohl nie begegnet. Ein Missverständnis, dem wir heute noch etliche Orte namens Vandalia in den USA verdanken, wo Mecklenburger Immigranten an ihre Heimat erinnern wollten. Trotz Irrtum wurde die Vandalia-Hymne jüngst wieder in Neustrelitz reaktiviert.

In Vorpommern setzt man auf das Pommernlied, ein Gelegenheitswerk des Theologie-Studenten Gustav Adolf Pompe, der 1851 bei einer Burschenschaftswanderung im Harz etwas Pommersches zu Gehör bringen sollte. Mit der Einleitung „Wenn in stiller Stunde Träume mich umwehn – bringen frohe Kunde Geister, ungesehen – reden von dem Lande meiner Heimat mir – hellem Meeresstrande, düsterm Waldrevier".

Geschickt werden die weiß-blauen Landesfarben Pommerns aufgenommen mit „Weiße Segel wiegen sich auf blauer See – weiße Möwen fliegen in der blauen Höh'". Am Schluss nimmt Pompe seine eigene Situation fern von Pommern auf: „Jetzt bin ich im Wandern, bin bald hier, bald dort...". Ein Heimweh-Lied, das natürlich besonders zur politischen Situation Pommerns nach 1945 passte und in der DDR zumindest verpönt war. Die zugrunde liegende Melodie von „Freiheit, die ich meine" von 1818 unterstreicht einen Grundton von Innerlichkeit.

In Mecklenburg hat sich heute das „Mecklenburger Heimatlied" für den Landesteil durchgesetzt – freilich ohne offiziellen Rang. Der Verfasser ist unbekannt und entsprechend schlicht ist auch der Text. Die Anfänge der fünf Strophen zeigen das Mecklenburg-Bild: „Wo die grünen Wiesen leuchten weit und breit ...Wo die Hammerschläge auf der Helling dröhn' ... Wo das Bauernhaus in weiten Feldern steht ... Wo der Bauer schafft den lieben langen Tag ... Dieser Heimatfriede ist so wunderschön". Das Ganze jeweils mit der Refrain-Zeile „Das ist meine Heimat, Mecklenburger Land". Der Heimatverband des Landes kritisiert wohl zu Recht, dass dieser Text dem heutigen Lebensgefühl nicht mehr ganz entspricht.

Politiker und andere, die an der Seele des Landes herumdoktern, wünschen sich natürlich eine Hymne auf den Bindestrich. Die ersten Versuche der SPD in den 1990er Jahren verliefen im Sande. Dann kam 2019 ein großer Anlauf mit einem Wettbewerb unter dem Dach des Heimatverbands. Das Preisgeld von 20.000 € errang Kally Darm für Text und Musik von „Mein Mecklenburg-Vorpommern". Darin werden Kraniche und Rapsfelder, Wiesen, Wälder, Rügener Kreide und Feldberger Seen, Elbe und Ostsee verarbeitet – eine um Korrektheit bemühte Aneinanderreihung, die beim Publikum nicht zündete. Wegen Plagiatsvorwürfen wurde sie auf Eis gelegt.

Plagiat ist auch das Problem des eigentlich erfolgreichsten Landeslieds, das erst mit den Nordseewellen richtig berühmt wurde. Aber im Original geht es darum, „wo de Ostseewellen trecken an den Strand, – wo de gäle Ginster bleucht in´n Dünensand – Wo de Möven schriegen grell in´t Stormgebrus – dor is mine Heimat, dor bün ick to Hus". Gedichtet wurden die vier Strophen von Martha Müller-Grählert, die das Stück 1907 mit gerade 30 Jahren in ihrem Band „Schelmenstücke. Plattdeutsche Gedichte" veröffentlichte. Vertont hat es Simon Krannig, ein gelernter Tischler aus Thüringen, der über hundert Chorlieder komponiert hat. Uraufführung war 1909 fern der Heimat in Zürich (▶ Schweiz).

Geklaut wurde das Lied 1922 von dem stramm nationalen und antisemitischen Verleger Fischer-Friesenhausen aus Detmold. Seine Nordseewellen machten in den noch jungen Massenmedien Spielfilm und Radio Karriere.

Die im vorpommerschen Barth als Johanna Karoline Friedchen Daatz geborene Dichterin verarmte nach einer Scheidung. Das Gerichtsurteil, das ihr und Krannig die Urheberrechte gegen die Nordseewellen zusprach, wurde erst rechtskräftig, als sie in einem Altersheim in Franzburg mittellos verstorben war. Auf ihrem Grabkreuz in Zingst steht „Hier ist mine Heimat, hier bün ick to Hus".

Eine Geschichte von schöpferischer Originalität, weiblicher Emanzipation und ökonomischem Betrug, welche die Ostseewellen umso mehr zu Herzen gehen lässt. Warum nicht diese Hymne?

Lulu

- Kindersprachlich: a) Pipi (Deutschland regional, Österreich) b) männliches (regional auch weibliches) Geschlechtsteil
- Abwertend für feiger Mensch (Österreich, regional): Schlappschwanz, Weichei, Lusche
- Titel und Hauptfigur eines Skandaldramas von Frank Wedekind, als Oper adaptiert von Alban Berg
- Verbreitetes Kürzel für die mecklenburgische Barockstadt Ludwigslust

Wer – mit Wedekinds Hure im Sinn – Lulu googelt, stößt auf lauter Schlüpfriges: „Rendezvous in Lulu" (Hotel Erbprinz, Ludwigslust), „Lulu unverpackt" (Klimaschutz in Ludwigslust), „Auf Lulu's Spuren" (Kurzurlaubsangebot MV).

Bei Frank Wedekind ist Lulu ein Straßenmädchen, das ehrbaren Männern den Kopf verdreht und denjenigen, die ihr verfallen, Unglück und Tod bringt. Das Stück thematisiert den Konflikt von Sexualität mit ihrer Macht und niederen Trieben einerseits und gesellschaftlichen Zwängen andererseits. Das Buch und die Aufführung von Lust und Leidenschaft, Wut, Gewalt und Eifersucht wurden im wilhelminischen Kaiserreich und auch später immer wieder verboten. Lulu ist eine Femme fatal, mal obszön, mal emanzipatorisch verstanden.

Eine Brücke von diesem Stoff zu Ludwigs Lust drängt sich auf – umso mehr, wenn man erfährt, dass hier ein Mecklenburger Versailles verwirklicht werden sollte. Ludwigslust als Ort amouröser Eskapaden nach Frankreichs Vorbild?

Welchen Lüsten Herzog Christian Ludwig II. (1713-1756) in dem bescheidenen Fachwerk-Jagdschloss des Gutsdorfs Klenow nachging, muss offenbleiben. Jedenfalls verlieh er dem unscheinbaren Ort 1754 den neuen Namen Ludwigs-Lust. Erst sein Nachfolger verwirklichte in der Jagdeinöde seine Versailles-Träume. Ludwigslust ließ er völlig neu bauen. Von 1764 bis 1837 war hier die Residenz des Herzogtums und schließlich Großherzogtums Mecklenburg-Schwerin.

Herzog Friedrich mit dem Beinamen „der Fromme" (1717-1787) erstrebte mit seinem Versailles alles andere als ein mecklenburgisches Sünden-babel. Seine Utopie war ein pietistisches Leben in ländlicher Idylle fern von den urbanen Verlockungen Schwerins. Milde, Sparsamkeit und Ge-rechtigkeit waren seine Leitideen. Er förderte Schulwesen und Manu-fakturen, schaffte die Folter ab und schützte die Juden des Landes. Seine nicht ganz frei gewählte Sparsamkeit lässt sich an den prachtvollen Säu-len, Rosetten oder Girlanden von Schloss und Schlosskirche studieren. Was massiv aussieht, ist hohl und was golden glänzt, nur dünnes Blatt-gold. Das Trägermaterial ist Pappmaché, hergestellt aus Altakten der herzoglichen Verwaltung – billiger Prunk also.

Rezept
PAPPMACHÉ

In der Ludwigsluster Manufaktur wurde vor allem in einer Schichttechnik gearbeitet, die auch als Papierkaschee bezeichnet wird. Die Basis bildeten quadratische Papierschnipsel – meist zwischen 3 bis 6 cm breit. Hinzugefügt wurden auch weitere Materialien, wie Weingeist, Gips, Mehlkleister, Knochenleim und andere Substanzen, die die Eigenschaften des hergestellten Papiermachés beeinflussen konnten.

Schicht für Schicht wurden angefeuchtete Papierschnipsel mit Stärkeleim in vorbereitete Negativformen eingeklebt und angebürstet. Die Formen wurden von Hoftischlern und Hofbildhauern in Ton, Holz oder Gips gefertigt. Anschließend musste das Stück unter Druck getrocknet werden.

Die Papiermaché-Rohlinge konnten nach dem Trocknen vielfältig weiterver-arbeitet werden. Sie wurden geschliffen und poliert, bemalt, vergoldet... Die Kunstfertigkeit der Ludwigsluster Handwerker ermöglichte es, dass fast alle Materialien imitiert werden konnten. Sie waren ein preiswertes und auch leichtes Äquivalent für Materialen wie Marmor, Stein, Ton oder Holz.

Friedrich der Fromme starb kinderlos. Auf seinem Grabdenkmal in Ludwigslust prangt die Inschrift „Ruhm und Trost der Deinen – O, wie wa-
rest du so gut!" Beherrscht wird das Denkmal von einer barock-fülligen
Lulu, die dem Betrachter ihren Busen präsentiert.

Maikäfer, der

Maikäfer (Melolontha) gehören zur Familie der Blatthornkäfer wie zum Beispiel auch der als Amulett verbreitete altägyptische Scarabaeus.

Der Maikäfer ist im kulturellen Gedächtnis aufs Engste mit Pommern assoziiert. Das liegt am Maikäfer-Lied:

"Maikäfer, flieg!
Dein Vater ist im Krieg,
deine Mutter ist in Pommerland,
Pommerland ist abgebrannt.
Maikäfer, flieg!"

Mit der einlullenden Melodie von „Schlaf, Kindlein, schlaf" werden hier existenzielle Ängste von Tod, Verlust und Zerstörung aufgerufen. Damit liegt das Lied im Widerstreit zu aktuellen pädagogischen Idealen. Doch immerhin zwei von drei Deutschen kannten nach einer Allensbach-Umfrage von 1999 das rätselhafte Stück, von dem der aus Pommern stammende Kulturtheoretiker Bazon Brock behauptet, es sei so etwas wie die kulturelle Hymne der Pommern.

Über die 2-3 cm großen Käfer weiß man heute so wenig wie über Pommern. Zunächst zum Maikäfer.

Nach einem vierjährigen Larvenstadium als wurzelfressender Engerling im Boden bekommt das Tierchen Flügel und macht sich in seinem kurzen Frühlingsleben daran, Bäume oberirdisch kahlzufressen. Dabei agieren sie eher plump, denn zum Fliegen müssen sie sich erst mal aufpumpen. Dann erreichen sie bescheidene 8 Stundenkilometer. Nicht selten verlieren Sie in den Bäumen das Gleichgewicht und landen zappelnd auf dem Rücken. Maikäfer zu sammeln war daher traditionell die übliche Bekämpfungsmethode. Es gab sogar schulfrei zum Maikäfer-Einsatz. Jedes Kind hatte seinen Spaß, Maikäfer in Schuhkartons oder in Einzelhaft in einer Streichholzschachtel zu fangen. Dabei wurde nach Farben sortiert: dunkel als Schornsteinfeger, weißlich als Müller und rötlich als Kaiser.

Maikäfer dienten als Schweine- und Hühnerfutter. Sie wurden aber auch gezuckert und kandiert in Konditoreien angeboten. Später wurden sie dort von Nachbildungen aus Schokolade verdrängt. Im Schokoangebot hat mittlerweile der mit Maikäfern keineswegs verwandte Marienkäfer die Oberhand gewonnen.

Auch Maikäfersuppe kam auf den Tisch. Es heißt, sie schmeckte nach Krebsen. Jedenfalls gelten Maikäfer als die einzigen Insekten, die schon traditionell in Europa verzehrt wurden.

Rezept
SCHNELLE MAIKÄFERSUPPE

Zutaten

40 Maikäfer oder	2 Esslöffel Butter
Engerlinge	2 Esslöffel Mehl
1 Liter Gemüsebrühe	Salz
oder Hühnerbrühe	Pfeffer

Zubereitung

- Die Maikäfer von Flügeln und Beinen befreien und im Mörser zerstoßen. In einem Topf in Butter anrösten. Mehl dazugeben und leicht anbräunen lassen. Mit der Brühe aufgießen. Rund 20 Minuten köcheln lassen. Die Suppe passieren und mit Salz und Pfeffer abschmecken. Heiß servieren.

Die kulturellen Bezugnahmen auf Maikäfer waren zahlreich. Sie tauchten in „Peterchens Mondfahrt" auf oder dienten dem fünften Streich in „Max und Moritz". Literaten schlossen sich im Maikäferbund zusammen und „Maikäfer flieg" wurde zu Buch- und Film-Titeln. Selbst das Preußische Gardefüselier-Regiment wurde wegen seiner Uniformfarben als Maikäfer bezeichnet. 1974 verfasste Reinhard Mey das Requiem „Es gibt keine Maikäfer mehr". Im Norden haben sie tatsächlich Seltenheitswert, in Süddeutschland sollen sie noch gelegentlich auftreten.

Pommern ist ebenso verschwunden. Das Lied ist allerdings schon älter als die traumatische Erfahrung von Krieg und Vertreibung 1945. Es taucht bereits 1806-08 in der Liedersammlung „Des Knaben Wunderhorn" auf. Vermutet wurde häufiger eine Herkunft aus dem Dreißigjährigen Krieg 1618-1648, in dem Pommern fast zwei Drittel seiner Bevölkerung verlor. Dagegen spricht, dass in dieser Zeit die Familien noch im Tross der Soldaten mitzogen. Bert Brecht hat das in „Mutter Courage" aufgegriffen. Das war anders im Siebenjährigen Krieg – ein früher Weltkrieg, der 1756-1763 unter Beteiligung aller europäischen Großmächte stattfand. Pommern wurde dabei verwüstet und durch Zwangsrekrutierungen und Plünderungen ausgepresst. Wie auch immer, über Mangel an Kriegselend konnte Pommern nicht klagen.

Zur Opferrolle Pommerns gehört lange Erfahrung wechselnder Fremdherrschaft. Das pommersche Herzogsgeschlecht der Greifen, die bis heute in der Landesflagge überlebt haben, ist schon 1637 ausgestorben. Da waren bereits die Schweden im Land. Mit dem Ende des Dreißigjährigen Kriegs erhielt Schweden im Westfälischen Frieden 1648 Vorpommern. Das erstreckte sich von der Regnitzmündung bei Damgarten im Westen bis zur Oder einschließlich der pommerschen Inseln Rügen, Usedom und Wollin mit einem zusätzlich Landstreifen am Ostufer der Oder. Hinterpommern wurde dem Kurfürstentum Brandenburg – dem späteren Preußen – zugeschlagen.

Nach einem weiteren, dem Nordischen, Krieg trat Schweden im Frieden von Stockholm 1720 den südlichen Teil Vorpommerns bis zur Peene mit Stettin und den Inseln Usedom und Wollin an Preußen ab. Das nordwestliche Vorpommern mit Damgarten, Stralsund, Greifswald und der Insel Rügen blieb bis zum Wiener Kongress 1815 schwedisch, wenn man von den wenigen Jahren napoleonischer Besatzung absieht. 1815 fand das Durcheinander ein Ende. Erstmals war ganz Pommern vereint – allerdings als preußische Provinz mit dem vorpommerschen Stettin als Provinzhauptstadt.

Am Ende des Zweiten Weltkriegs wurde ganz Pommern von sowjetischen Truppen erobert. Im Potsdamer Abkommen vom August 1945 beschlossen die Siegermächte, Pommern östlich der Oder Polen anzugliedern und die deutsche Bevölkerung zu vertreiben – in Millionenzahl. Die pommersche Hauptstadt Stettin lag westlich der Oder und gehörte zu Vorpommern. Sie war die größte deutsche Stadt an der Ostsee. Auf polnische Intervention erklärte sich Stalin bereit, auch Stettin und den Stettiner Zipfel – das Land westlich der Oder bis zum Haff – an Polen zu geben. Das wurde im Schweriner Vertrag zwischen der Sowjetunion und Polen am 21. September 1945 geregelt – ein Vorgang, über den selbst KPD-Führer Wilhelm Pieck empört gewesen sein soll.

Für die polnische Seite galten und gelten die ehemals deutschen Länder Pommern, Schlesien und Ostpreußen nicht als Entschädigung für erlittenes Leid durch Krieg und NS-Herrschaft, sondern als „wiedergewonnene Gebiete". Auf die glaubte Polen historischen Anspruch zu haben. Als Reparation fordert Polen deshalb zusätzlich 1.300 Milliarden € von der Bundesrepublik Deutschland.

So kann man verstehen, dass gerade auch nach 1945 „Pommerland ist abgebrannt" eine wehmütige Stimmungslage vieler Menschen traf.

Maräne – Moräne – Muräne, die

E in einziger Vokal kann viel ausmachen. Die Verwirrung ist groß und rührt an die Grundfesten unseres Landes. Materiell wie weltanschaulich. Es geht um nicht weniger als Gottes Werk und Teufels Beitrag.

Nicht alphabetisch aber nach Größe und Gewicht gehört die Moräne an erste Stelle. Moraine heißt sie im französischen Ursprung und das Wort bezeichnet schlicht das Geröll. Wer mit Spitzhacke und Geologenhammer durch Mecklenburg-Vorpommern zieht, wird schnell feststellen, dass wir zwar Täler und Berge – nun ja, für unsere Verhältnisse – haben, aber kein anstehendes Gestein.

Im „Geographisch-statistisch-historischen Handbuch des Mecklenburger Landes" von 1837 schreibt Gustav Hempel: So wie Holstein und Pommern „scheint auch Mecklenburg ein aufgeschwemmtes Land, Product des Meeres zu sein". Die Frage war dann nur, wie all die großen Findlinge „aufgeschwemmt" worden sein sollten. Der „Große Stein" in Altentreptow misst immerhin über 8 m Länge, 6 m Breite und über 5 m Höhe – insgesamt 450 t Granit.

Die Erklärung lag auf der Hand: das Werk von Riesen mit ihren „Hünengräbern" und von Teufeln. Noch Goethe ist an dem Problem gescheitert. Mephisto äußert sich 1832 in Faust II so über uns: „Noch starrt das Land von fremden Centnermassen; wer gibt Erklärung solcher Schleudermacht? Der Philosoph, er weiß es nicht zu fassen, da liegt der Fels, man muss ihn liegen lassen, zu Schanden haben wir uns schon gedacht. Das treu-gemeine Volk allein begreift und lässt sich im Begriff nicht stören;

ihm ist die Weisheit längst gereift: Ein Wunder ist's, der Satan kommt zu Ehren."[9]

Die Steine wachsen aus dem Boden. Millionen davon wurden für Straßen und Hausbau verwendet. Und dennoch: Wo ein Acker, ist der große Steinhaufen nicht weit. Der Mecklenburger Ingenieur und Schriftsteller Heinrich Seidel (1842-1906) lässt einen alten Kutscher über die Steine sagen: „Binnen de Ird, dor wassen's" „gar so as die Getüffel". „Hier hett de Düwel de ganze Gegend mit Steinsaat tauseiht"[10].

Der Teufel ist in Wirklichkeit das Eis. Diese Erkenntnis reifte, seit der badische Gelehrte Karl Friedrich Schimper Mitte der 1830er Jahre Vorträge über „Weltsommer und Weltwinter" hielt und 1837 seine „Eiszeit-Ode" publik gemacht hatte. Danach setzte sich die Idee durch, dass die Voralpenlandschaft ebenso wie die norddeutsche durch Gletscher geschaffen wurde – bei uns durch einen Eisschild, der sich von Skandinavien maximal bis zur Linie Dresden-Dortmund ausdehnte. Besonders lang dauerte das Abschmelzen in Mecklenburg-Vorpommern in der Weichselkaltzeit bis vor circa 10.000 Jahren. Durch den Bezug zu den Schweizer und französischen Alpen kamen auch wir in Mecklenburg-Vorpommern zu den frankophonen Moränen.

Was Moränen sind, lässt sich aus ihrer Entstehung erklären. Wenn immer neuer Schneefall über Jahre, Jahrhunderte und Jahrtausende nicht taut, verdichtet er sich zu Eis und wird immer schwerer. Durch die Gewichtsveränderungen, durch Ausdehnung und Schrumpfung sind die Eismassen in ständiger Bewegung. Dadurch brechen und zermahlen sie das Gebirge unter sich. Als sie vor rund 15.000 Jahren von Süden her zu tauen begannen, blieb als Ergebnis dieses riesigen Dauermahlwerks der Gletscherschutt bei uns liegen. Ganz Mecklenburg-Vorpommern ist in einer Mächtigkeit von durchschnittlich 70-100 m mit Schutt bedeckt. Ein wildes Durcheinander von Geschiebemergel, Kies, Sand, Ton und großen Gesteinsblöcken aus skandinavischen Gebirgen.

Das Flachland ist aus Grundmoränen gebildet, dem Material, das im Innern des Gletschers transportiert wurde oder unter ihm sehr stark geschliffen und zerkleinert wurde. Unsere anmutige Hügellandschaft besteht aus Seiten- oder Ufermoränen an den früheren Rändern der Gletscherzungen oder aus Endmoräne, der manchmal besonders großen Schuttanhäufung am Gletscherende. Die bis 170 m hohen Berge Mecklenburg-Vorpommerns sind nichts als Schuttberge. Dabei ist die Zusammensetzung durchaus unterschiedlich. Mal dominiert Geschiebemergel aus Ton, Sand und von Gotland stammendem Kalk, mal Lehm ohne Kalk, mal Sand. Deshalb hat MV außerordentlich fruchtbare Böden aus Geschiebemergel, aber auch sehr arme Sandböden wie in der Griesen Gegend im Dreieck zwischen Ludwigslust, Dömitz und Lübtheen. Die imposanten Durchbruchstäler der Warnow, der Nebel und der Mildenitz mit ihren steilen Ufern sind entstanden, als das Schmelzwasser der Gletscher quer liegende Endmoränenwälle durchschnitt.

Überall bildeten sich Toteislöcher, die „Augen Mecklenburgs" (▶ Soll). Auch all die großen und kleinen Seen wurden von Gletschern gebildet.

Die Steine auf dem Acker wachsen tatsächlich aus der mächtigen Moränenschicht. Das winterliche Eis drückt sie immer wieder nach oben und jedes Frühjahr müssen Bauern und Landarbeiter Steine absammeln – seit 1.000 Jahren und wohl noch weitere 1.000 Jahre. Das ist unsere Sisyphusarbeit.

Und unsere Landschaft mit ihren Hügeln und Seen verdankt ihren schönen Schein dem Schutt Skandinaviens.

Zum A & O des Nordostens gehört neben der Moräne die Maräne (*Coregonus albula*). Die Maräne ist landschaftlich unscheinbar und passt in jeden Räucherofen, meist auch in eine haushaltsübliche Pfanne. Mundartlich erscheint sie auch als Morene und Murene, was schon einigermaßen verwirrend ist. Überdies lebt die Maräne da, wo es auch Moränen gibt – im Norden von Schleswig-Holstein bis zur Oder. In den süddeutschen Moränengewässern kommen sie auch vor, heißen dort aber Felchen oder Renken. Sie alle sind kälteliebend. Experten nehmen an, dass sie im Gefolge der letzten Eiszeit aus Sibirien zu uns gekommen sind. Hier sind sie in einzelnen Seen isoliert worden und haben sich etwas unterschiedlich entwickelt. Die heringsähnliche kleine Maräne aus der Familie der Lachse erreicht 20 cm Länge. Sie gilt als das Tafelsilber der mecklenburgischen Seenplatte. Überall gibt es sie in Restaurants und beim Fischer. Das Fleisch erinnert an Forelle und gilt als grätenarm, was bekanntlich noch weit entfernt von einem grätenfreien Fischfilet ist. Die Zubereitung ist einfach: Mehlen, Salzen, Braten. Die eher seltene Große oder Edelmaräne (*Coregonus nasus*) mit mehr als einem halben Meter Länge und entsprechender Kiloschwere wird man in Restaurants kaum finden. Eher vielleicht den neuerdings wieder gepriesenen Ostseeschnäpel oder Ostsee-Steinlachs, der auch nur eine Maränen-Variante darstellt.

Der kulinarische Wert der Maräne erschließt sich aus einer Sage: Danach kamen die Maränen in den Schaalsee, weil die Äbtissin im Kloster Zarrentin so großen Appetit auf die Leckerbissen hatte. Der Teufel sagte ihr zu, bis Mitternacht welche aus dem Bodensee zu holen. Dafür musste sie ihre Seele versprechen. Von Gewissensbissen geplagt, vertraute sie sich einer Nonne an. Diese stellte die Turmuhr eine Stunde vor. Als der Teufel nun mit einem Netz voller Maränen gerade über den Schaalsee flog, schlug es Mitternacht. Aus Wut schleuderte er das Maränen-Netz in den See, wo sie seitdem leben.

Der Teufel schafft auch die Verbindung zu den Muränen in einer pommerschen Variante. Dort lebte am Madü-See im heute polnischen Pommern ein Gourmet-Bischof, dem eines Tages ein Mönch von den Muränen, der höchst geschätzten Delikatesse der alten Römer, erzählte. Die Falle schnappt zu. Der Bischof wird ergriffen von feurigem Sehnen und unendlichem Streben nach den Muränen. Und der Teufel weiß Rat. Wenn der Kirchturmzeiger exakt auf zwölf Uhr mittags steht, will er zwei Muränen liefern – im Tausch gegen die bischöfliche Seele. Fortsetzung wie am Schaalsee. Die Uhr wird vorgestellt, der Teufel lässt die Muränen in den See fallen. „Doch waren den Fischen viel spitze Gräten durch Satans Zorn in den Leib getreten. Auch dies ist bewirkt vom bösen Geist, dass jetzt die Muräne Maräne heißt."[11]

Biologen können diese nahe Verwandtschaft nicht bestätigen. Die Muräne als ein echter Knochenfisch gehört zu den Aalartigen und lebt in Felsspalten und Korallenriffen tropischer und subtropische Meere.

Reiche Römer mästeten die bissige Mittelmeer-Muräne als Statussymbol – die Koi-Karpfen der Antike. Der Geschichtsschreiber Plinius berichtet, dass Caesar im Jahre 45 oder 46 vor unserer Zeitrechnung bei einem Triumphzug in Rom zum Festmahl 6.000 Muränen auftischen ließ. Das sind ungefähr fünf Kilometer Muräne mit nicht weniger als 20.000 Kilo Gewicht.

Daneben wirken hiesige Versuche, vom Nimbus der Muränen etwas abzubekommen, bescheiden. So empfiehlt Frieda Ritzerow in ihrem „Mecklenburgischen Kochbuch" von 1868 marinierte Muränen. Sie werden „gargekocht, mit dazwischen gelegten Citronenscheiben und Lorbeerblättern in einen Glashafen aufgeschichtet und mit einer Marinade übergossen". Die „echte Muräne", weiß die kulinarische Expertin, komme „außer in den italienischen Gewässern nur noch im Schal-See bei Ratzeburg vor"[12]. Da sie auch heringsgroße „gekochte Maränen" anbietet, hat sie offenbar die Edelmaräne zur Muräne geadelt.

Fehlender Respekt vor dem Protzfisch mit dem großen Maul durchzieht auch die Kinderliteratur mit der mondänen Muräne, mürrisch wegen Migräne, der wackeln alle Zähne.

Mecklenburg

- Großherzogtum, Freistaat, Teil eines Bundeslandes
- Dorf, Postleitzahl 23972
- Dynastie
- Familienname

MV

Eine Burg soll Schutz bieten. Wir sind drinnen, die anderen vorsichtshalber draußen. Deshalb kann man nicht einfach reinmarschieren. Man braucht ein Passwort – ein Wort, um die Kontrolle zu passieren. Unser Passwort heißt „Mecklenburg". Primitiv, kennt doch jeder – mag der Fremde denken. Aber es ist in Wirklichkeit ziemlich raffiniert. Es wird nämlich anders gesprochen als geschrieben. Nur mit richtiger Aussprache kommt man in den inneren Kreis der Mecklenburg.

Warum bezeichnen die Bewohner ihr ganzes Land als Burg und sich als Mecklenburger, obwohl das Bürgertum hier immer schwach war? Das unterscheidet die Mecklenburger von etablierten Volksstämmen wie den Bayern, Sachsen, Franken, Schwaben oder Hessen. Die nennen sich nicht Frankenburger oder Sachsenburger. Die Mecklenburg scheint eine ganz besondere identitätsbildende Kraft zu haben – wie die Hauptstadt Mexiko für die Mexikaner, Brandenburg für die Brandenburger oder Schleswig für die Schleswiger. Aber wo liegt die Mecklenburg eigentlich?

Wer sich auf die Suche macht, landet in einer Gemeinde mit dem irritierenden Namen Dorf Mecklenburg. Man kann auch mit einem Dorfnamen Landeshauptstadt sein – siehe Düsseldorf. Aber die Dörflichkeit demonstrativ dem Namen voranzustellen, passt so gar nicht zu einem modernen Landesmarketing. Geht es hier um Selbstkasteiung, Abstrafung oder etwa Tarnung? Wer sich das 3.000-Einwohner-Dorf Mecklenburg genauer anschaut, findet eine bemerkenswerte Holländerwindmühle, ein tatsächlich Mecklenburger Ländlichkeit dokumentierendes

Kreisagrarmuseum oder eine Dorfkirche aus dem 14. Jahrhundert. Eine Burg sucht man vergebens. Erst der Reiseführer – wenn er den Ort überhaupt für erwähnenswert hält – macht auf kaum imposante Erhebungen aufmerksam, die vor 1.000 Jahren als Burgwall dienten.

Aus Grabungen der 1960/70er Jahre wissen wir, dass dieser Burgwall über acht Meter hoch und circa 20 Meter breit war – alles aus Lehm, Sand und Holz. Innerhalb des Grabens gab es nichts, was uns heute typisch für eine Burg erscheint, wie etwa ein gemauerter Bergfried mit klotzigen Zinnen, Kemenaten und Pallas. Die Wälle der Mecklenburg umgaben ein gutes Dutzend Flechtwerk-Häuser und später Blockhütten.

Grund genug, an Mecklenburg herumzumäkeln. Vielleicht sehen das auch die Einheimischen so, wenn sie auf niederdeutsch von *Mäkelborg* sprechen? Mit mäkeln hat der Landesname aber genauso wenig zu tun wie mit melken, obwohl hier nach traditionellem Selbstbild Milch und Honig fließen.

Tatsächlich hieß der Ort im frühen Mittelalter *Michelenburg* oder *Mikilinburg*. Das meinte nicht etwa mickrig, sondern das Gegenteil. Das altniederdeutsche oder altsächsische *mikil* ist indogermanisch sprachverwandt mit dem lateinischen *magnus* oder dem griechischen *megalos*, die auch als groß zu übersetzen sind. Mecklenburg bedeutet also große Burg. Im Mittelalter sprachen besonders Gebildete lateinisch-griechisch gemischt von *Magnopolis*. Megaburg würde man heute besser verstehen. Aber Dorf Megaburg? Megaburg-Vorpommern?

Aus dem Mittelalter überliefert ist auch der Name *Michelinburg*. Leider weist der berühmte Michelin-Restaurantführer in Dorf Mecklenburg kein erwähnenswertes Restaurant nach. Auf Michelin-Reifen nach Michelinburg in ein Restaurant mit Michelin-Stern, das würde zu gut pas-

sen – auch wenn sich der französische Name Michelin nicht vom Alt-
sächsischen, sondern vom hebräischen Michael ableitet.

Wer schon auf der Suche nach der großen Burg den Weg in das gleichna-
mige Dorf unternommen hat, kann noch ein paar Kilometer weiter zum
Schweriner See fahren. Mitten im Wald mit einem fantastischen Aus-
blick vom Hochufer über den Schweriner See auf die Hügel der anderen
Seite befindet sich dort Wiligrad. Ein Ensemble imposanter Gebäude
entführt in eine andere Welt. Beherrscht wird es von einem Schloss, dessen zwei Flügel einen stumpfen Winkel bilden. Bauherr Herzog Johann
Albrecht ließ es im Johann-Albrecht-Stil errichten. Eine schöne Verwirrung, denn stilbildend war nicht er, sondern sein gleichnamiger Renais-
sance-Vorfahr, der beim Fürstenhof in Wismar und Schloss Gadebusch
roten Backstein, helle Putzwände und reiche Terrakotta-Verzierungen
kombinierte.

In Wiligrad setzten die zugehörigen Wirtschaftsgebäude diese Stilele-
mente – zum Teil mit Fachwerkkombination – fort. Ein nahezu unwirk-
lich idealer Ort fast ohne Bewohner mit großartigem Park. Umso merk-
würdiger der Name. Wiligrad wurde 1896-98 erbaut, also in der Hochzeit
des wilhelminischen Deutschland. Muss man Wiligrad als kumpelhafte
Verkürzung von Kaiser Wilhelm verstehen? Oder als satirische Distan-
zierung? Mit Friedensnobelpreisträger Willy Brandt und seinen Mecklenburger Vorfahren hat es wohl auch nichts zu tun.

Wiligrad ist tatsächlich der ältere Name von Mecklenburg. Überliefert
hat ihn ein vermutlich jüdischer Reisender aus dem andalusischen Cor-
doba, das damals ein islamisches Kalifat war. 970 besuchte er die Slawen-
länder von Bulgarien bis zur Ostsee. Aus überlieferten Bruchstücken seines verschollenen Berichts wissen wir, dass er den elbslawischen König
Nacon auf seiner *Fil Grad* besuchte. *Fil Grad* steht arabisch für das slawi-

sche *Veli Grad*, die große Burg. Mecklenburg ist also nur die einge-deutschte Variante von ursprünglich Wiligrad.

Wie kam es zu diesem Durcheinander? Die Mecklenburg lag über Jahr-hunderte auf slawischem Gebiet an der Grenze zum Reich der deutsch-römischen Kaiser. Hier fanden Kriege und Kreuzzüge statt, wurde er-obert und gebrandschatzt. Mal ließen sich die Slawen, genauer der wen-dische Stamm der Abodriten – oder auch Obodriten –, taufen, mal kehr-ten sie zu ihren Göttern zurück.

Für die Slawen hieß der Ort in ihrer Sprache *Wiligrad* oder so ähnlich, denn wir haben von ihnen weder Schrift- noch Tondokumente. Die deut-schen Sachsen auf der anderen Seite verstanden sich dagegen auf schriftliche Verträge und Berichte. Sie nannten die Burg in ihrer Sprache *Mikelinburg*, was sich nach ihrem Sieg über die Abodriten-Herrscher für den Ort und schließlich das Land durchsetzte. Der Sieg war allerdings kein absoluter. Statt purer Unterwerfung begann ein langer Verschmel-zungsprozess von einheimischen slawischen Stämmen einerseits, Er-oberern und Siedlern aus dem deutschsprachigen Westen andererseits.

Wenn wir eine kurze Exkursion von Dorf Mecklenburg über Wiligrad nach Schwerin unternehmen, sehen wir dort das prachtvolle Schloss auf einer Insel im Schweriner See. Nähern wir uns der Schlossbrücke, droht uns aus der dritten Schlossetage ein kämpferischer Reiter mit Lanze auf angriffslustigem Ross. Von einem Bildhauer des 19. Jahrhunderts wurde hier Niklot, der slawische Fürst der Abodriten, Kessiner und Zirzipanen verewigt. Die Mecklenburg bildete zusammen mit dem Burgen Ilow, Do-bin und Schwerin das militärische Zentrum seines Reiches. Die stolze Pose hoch oben in der Schlossfassade soll vergessen machen, wie Niklot endete. Die sächsischen Sieger unter Heinrich dem Löwen beließen es nicht beim Erschlagen. Niklots Kopf wurde abgetrennt, auf eine Lanze gespießt und durch das Heerlager der Sieger getragen. Das war im Jahre 1160.

Krieg und Frieden folgen keinen Regeln außer Sieg und Niederlage, Kalkül und Vorteil. Hier hieß das: Nach einem weiteren gescheiterten Aufstand der Slawen machte Heinrich der Löwe Niklots Sohn Pribislaw zum lehensabhängigen Herrscher von Niklots Reich, wenn auch zunächst ohne Schwerin. Als Wohlverhaltensversicherung bekam Pribislaw Heinrichs Tochter zur Frau. So wurde der Mörder seines Vaters zu seinem Schwiegervater.

Diese Dynastie, das Haus Mecklenburg, beherrschte Mecklenburg bis zur Novemberrevolution 1918. Dabei durfte Friedrich Franz IV. nach Ausrufung der Republik in Berlin noch fünf Tage länger regieren als der Kaiser.

Mecklenburg war im Kaiserreich das einzige regierende Haus in Deutschland, das sich mit Stolz auf slawische Wurzeln zurückführte. Und je stärker im 19. Jahrhundert die Deutschtümelei um sich griff, umso deutlicher wurde von den Mecklenburger Herrschern das Slawische betont. Der Bau von Wiligrad lag ganz auf dieser Linie.

Wiligrad durfte die großherzogliche Familie auch nach der Revolution im Freistaat Mecklenburg behalten, genau wie die Schlösser Ludwigslust, Raben Steinfeld, Gelbensande oder Remplin. Erst im sowjetischen Mecklenburg war 1945 Schluss.

Die Mecklenburg-Dynastie ist in Strelitz 1918 und für Schwerin 1996 im Mannesstamm erloschen. Als Familienoberhaupt des Schweriner Zweigs fungiert heute die gelernte Bibliothekarin Donata zu Mecklenburg von Solodkoff, die in Schleswig-Holstein lebt. Der Schweriner Großherzog der Herzen ist dagegen von der Ausbildung Koch und hört auf den bürgerlichen Namen Mathias Schott. Er hat sich 1983 in Schwerin als Schlossführer qualifizieren lassen und macht bei Volksbespaßungen als

Friedrich Franz II. (1823-1883) in dessen nachgeschneiderter Uniform eine eindrucksvolle Figur.

Der aktuelle Chef des Hauses Mecklenburg-Strelitz trägt den slawischen Vornamen Borwin, ist Diplomingenieur für Weinbau und Getränketechnik, wohnt im Schwarzwald und ist dort Mitglied des Jagdvereins. Wer ihn in Mecklenburg treffen will, sollte sich am besten zum jährlichen Gedenkgottesdienst für verstorbene Mitglieder des Hauses Mecklenburg-Strelitz in der Sankt-Johannes-Kirche in Mirow aufmachen.

Man kann auch Mecklenburg als Familiennamen tragen, ohne das adelige Von und ohne Zugehörigkeit zum gleichnamigen Haus. In Deutschland leben laut einer Statistik mindestens 1708 Mecklenburgs, in USA 886, in Nepal allerdings nur zwei. Wie sie zu ihrem Namen kamen? Zumindest einige dürften auf uneheliche Herzogskinder zurückgehen. So schenkte Friedrich Franz I. zwischen 1785 und 1813 in unermüdlicher Zeugungstätigkeit mit neun bürgerlichen Gespielinnen der Welt 15 außereheliche Nachkommen. Sieben davon wurden mit dem bürgerlichen Familiennamen Mecklenburg beglückt.

Offen ist noch das Passwort-Geheimnis. Hier sei es unter dem Siegel der Verschwiegenheit gelüftet: Im Laufe der Geschichte hat es verschiedenste Schreibweisen für das Land gegeben von *Michelenburc* über *Mechilburg*, *Mikelenburch* bis zu *Megkelburgk* und *Meckelnnborch*. Gesprochen wurde es immer wie Mehl und nicht wie Meckern. Im 19. Jahrhundert findet man deshalb häufig *Meklenburg* ohne *c*. Das fanden damals sogar die Gebrüder Grimm richtig.

1856 machte sich der Schweriner Schulleiter Friedrich Carl Wex an eine Abhandlung „Wie ist Mecklenburg Deutsch zu schreiben und wie Lateinisch zu benennen?" Er vertrat die These, das *c* sei ein altes Dehnungszeichen, dehnt also das *e* wie Emil statt Ecke. Diese Auffassung machte sich auch der Großherzog zueigen. Seitdem ist das Passwort verschlüsselt. Aber mit Ausnahmen. Inzwischen gibt es wieder Meklenburger Rezepte, Meklenburger Sanddornhonig oder Meklenburger Motorradtreffen. Wer traditionell und authentisch daherkommen will, lässt das *c* weg. Und bei den Plattsnackern klingt es meist nach *Mäggelborch*.

Mecklenburg vor Pommern

N amen dienen der Identifizierung, Doppelnamen werfen Fragen nach der Identität auf. Müller-Lüdenscheid will sich abgrenzen von den Allerweltsmüllern. Das funktioniert auch bei geographischen Namen. Zum Beispiel Neustadt am Rübenberge hat sein Alleinstellungsmerkmal zum Namensbestandteil gemacht. Besonders Clevere suggerieren blaues Blut: August Heinrich Hoffmann, Dichter unserer Nationalhymne (▶ Hymne), reichte es nicht, aus Fallersleben zu kommen, nein, „von Fallersleben" klang doch edler. Beim Sohn blieb davon allerdings nur Hoffmann-Fallersleben.

In Mecklenburg wurde mit der Novemberrevolution 1918 das Großherzogtum abgeschafft. Aber im Westen grenzt das Land immer noch an ein Herzogtum. Bismarck wollte der Legende nach im Falle eines (▶) Weltuntergangs nach Mecklenburg ziehen, weil da alles 100 Jahre später passiere. Es kam anders. Aber der Sachsenwald bei Hamburg, den Kaiser Wilhelm dem Strategen der Reichsgründung von 1871 zum Dank schenkte, liegt just in diesem Herzogtum. Der Kreis Herzogtum Lauenburg unterscheidet sich so von der schönen Elbstadt gleichen Namens. Die askanischen Herzöge sind allerdings schon im Mittelalter ausgestorben. Herzogtum durfte sich die Region seit dem 19. Jahrhundert von Preußens Gnaden nennen. Damit hat gut getarnt auch ein Stück Mecklenburger Herzoglichkeit überlebt. Denn Domhof und Palmberg in der Kreishauptstadt Ratzeburg sind altes Gebiet der Herzöge von Mecklenburg-Strelitz (▶ Strelitzie), das erst die Nazis Mecklenburg nahmen.

Doppelnamen müssen nicht Traditionsverhaftung symbolisieren, sie können auch eine moderne Auffassung von Gleichheit ausdrücken. Die wachsende Zahl von Liebesheiraten mit Bindestrich belegt dies, zum Beispiel Sabine Leutheusser-Schnarrenberger.

Doppelnamen bei Bundesländern signalisieren häufig das Gegenteil von Liebesheirat. Der seltsame Name Nordrhein-Westfalen kam nur zustande, weil das Rheinland 1945 im Norden britisch und im Süden französisch besetzt war. So schufen die Briten *North Rhine-Westphalia* und vereinigten mit Rheinländern und Westfalen zwei Volksstämme, die sich sprachlich und mental bis heute fremd sind. Das einzige Land, das seinen Bindestrich einer Volksabstimmung verdankt, ist Baden-Württemberg und dort wurde das Abstimmungsgesetz so gefasst, dass nur drei von vier Abstimmungsgebieten zustimmen mussten. Man wusste schließlich, dass Südbaden den Südweststaat nicht wollte. Bis heute gibt es deshalb ein reiches Angebot an Aufklebern, die den Südwest-Mitbürgern zurufen „Es gibt Badische und Unsymbadische!"[13]

Im Unterschied zu all diesen Erwägungen ist der Bindestrich zwischen Mecklenburg und Vorpommern ein Spezialfall. Das Land ist ein Geschöpf Moskaus – allerdings nicht Putins, wie Unkundige im Kontext Erdgas mutmaßten, sondern Stalins. Und das kam so: Die Alliierten Sowjetunion, USA und Großbritannien waren sich seit 1943 einig, Polen nach Westen zu verschieben. Stalin strebte dafür die Oder-Neiße-Grenze an. Die deutsche Bevölkerung in den neuen polnischen Gebieten sollte nach Westen „transferiert" werden. Für Pommern bedeutete das: Hinterpommern jenseits der Oder sollte polnisch werden, Vorpommern diesseits der Oder deutsch bleiben. Formell wurde das zwar erst mit dem Potsdamer Abkommen am 1. August 1945 besiegelt, aber praktisch schon vorher umgesetzt. Nachdem Briten und Amerikaner das von Ihnen besetzte Westmecklenburg an die Sowjets übergeben hatten, schuf die Sowjetische Militäradministration am 9. Juli 1945 das Land „Mecklenburg-Vorpommern".

Damit wurde ein Land nach mehr als 700 Jahren Eigenständigkeit mit dem Rest einer preußischen Provinz Pommern vereinigt. Ein Rest, der im Juli 1945 noch Potenzial hatte, denn zu Vorpommern gehörte natürlich seine Hauptstadt Stettin diesseits der Oder. An Bevölkerungszahl und Wirtschaftskraft stellte sie bei weitem alles in den Schatten, was mecklenburgische Städte auf die Waage bringen konnten. Der Traum war aber kurz. Schon wenige Wochen nach Landesgründung wurde am 21. September 1945 in der Schweriner Werderstraße ein sowjetisch-polnischer Vertrag unterzeichnet, der Stettin und einen weiteren Streifen diesseits der Oder Polen zuschlug.

Vorpommern klingt wie Vorgelände und provoziert die Frage, wo das eigentliche Pommern beginnt. Ein Missverständnis. Tatsächlich existierte nur Vorpommern diesseits und Hinterpommern jenseits der Oder. Beide zusammen ergaben Pommern.

1947 vollzog die Sowjetmacht einen Kurswechsel und ordnete als Landesbezeichnung nur noch Mecklenburg an. Der Name Pommern wurde systematisch ausgelöscht. Als 1952 auch die Länder in der DDR durch Bezirke ersetzt wurden, entstanden im Gebiet Mecklenburg-Vorpommerns die drei Nordbezirke Schwerin, Rostock und Neubrandenburg. Praktisch die gesamte Küste gehörte fortan zum Bezirk Rostock, das vorpommersche Hinterland mit einem kleinen Abschnitt am Stettiner Haff kam zum Bezirk Neubrandenburg. Alle drei Bezirkshauptstädte gehörten zum mecklenburgischen Landesteil, das ehemalige Vorpommern-Gebiet wurde zerschnitten. Selbst in der Geografie wurde der Name Stettin getilgt. Aus dem Stettiner Haff wurde das Oderhaff.

An pommersche Traditionspflege und Erinnerungsarbeit wie mit den Landsmannschaften in Westdeutschland war in der DDR nicht zu denken. „Pommerland ist abgebrannt" (▶ Maikäfer) bedeutete unendliches menschliches Leid. Allein im vorpommerschen Demmin stürzten sich in den Tagen der Besetzung an die 1.000 Zivilisten aus Verzweiflung in den Selbstmord – ein Tabu in der DDR, die den 8. Mai als Tag der Befreiung feierte. Die DDR sah sich als Siegerin der Geschichte, Pommern passte dazu nicht.

Einzig die Pommersche Evangelische Kirche mit den exakten historischen Grenzen gegenüber Mecklenburg und Brandenburg widerstand – bis 1968, da musste auch sie sich umbenennen in Evangelische Landeskirche Greifswald. Gleich nach der Wende machte sie Anfang 1990 aus der Landeskirche wieder eine Pommersche und liebäugelte sogar mit einem eigenen Bundesland Vorpommern. Heute – in der Nordkirche – lebt sie fort als Pommerscher Evangelischer Kirchenkreis.

Die letzte DDR-Volkskammer beschloss 1990 auch die Wiederherstellung der Länder. Für Mecklenburg-Vorpommern bedeutete das die Rückkehr zum ursprünglichen sowjetisch verordneten Namen von 1945.

„Name ist Schall und Rauch", sagt Faust in Goethes gleichnamigem Werk. Gilt das auch für Vorpommern?

Mitten durch Ahrenshoop führt der Grenzweg mit seinem fantastischen Ostseeblick. Er trennte das mecklenburgische vom pommerschen Herrschaftsgebiet. Nächste Nachbarschaft. So gibt es auch ein Mecklenburgisches Wörterbuch und ein Pommersches Wörterbuch, aber im täglichen Leben heute sind die beiden Varianten des Plattdeutschen – oder präziser des Nordostniederdeutschen – kaum erkennbar. Auch in Religion oder besser gesagt vorherrschender Konfessionslosigkeit gibt es keinen Unterschied beider Landesteile. Dennoch sendet der Landesname für nicht wenige von Rügen bis Pasewalk die Botschaft: Mecklenburg vor Pommern!

Das spiegelt historische Erfahrungen der Nachkriegszeit, da spielen aber auch neue Entscheidungen eine Rolle. Die 2011 beschlossene Kreisreform ignoriert ebenfalls historische Zugehörigkeiten. Beide vorpommerschen Kreise haben zum Teil erhebliche Gebiete an mecklenburgische verloren und der Kreis Vorpommern-Greifswald wurde um mecklenburgische ergänzt.

Wenn schon Stammesanimositäten keine Rolle spielen, ist auch der territoriale Aspekt nicht so gravierend wie strukturelle Nachteile Vorpommerns. Mecklenburg liegt eher in Pendeldistanz zum Hamburger Hochlohngebiet und die Wirtschaft interessiert sich für die mecklenburgische Verkehrsachse Hamburg – Berlin. Die vorpommerschen Sektoren Tourismus und Landwirtschaft blühen, zahlen sich aber häufig nur in Niedriglohn und prekären Beschäftigungsverhältnissen aus.

Mit der Aufnahme Polens in die EU 2004 und in den Schengen-Raum 2007 ergeben sich langfristig neue Entwicklungschancen für Vorpommern.

Als besonderen Gunstbeweis hat die Landesregierung 2016 das Amt eines Vorpommern-Staatssekretärs geschaffen. Ob damit das Problem eher gelöst oder sichtbar gemacht wird, sei dahingestellt.

In jedem Fall geht es auch um das Verhältnis von Landeskindern und Obrigkeit und da haben Vorpommern gegenüber unzufriedenen Mecklenburgern den Vorteil einer griffigen Benachteiligungsformel.

Ein Doppelname garantiert noch lange kein Gefühl der Gleichheit – das soll sogar bei Liebesehen mit Bindestrich vorkommen.

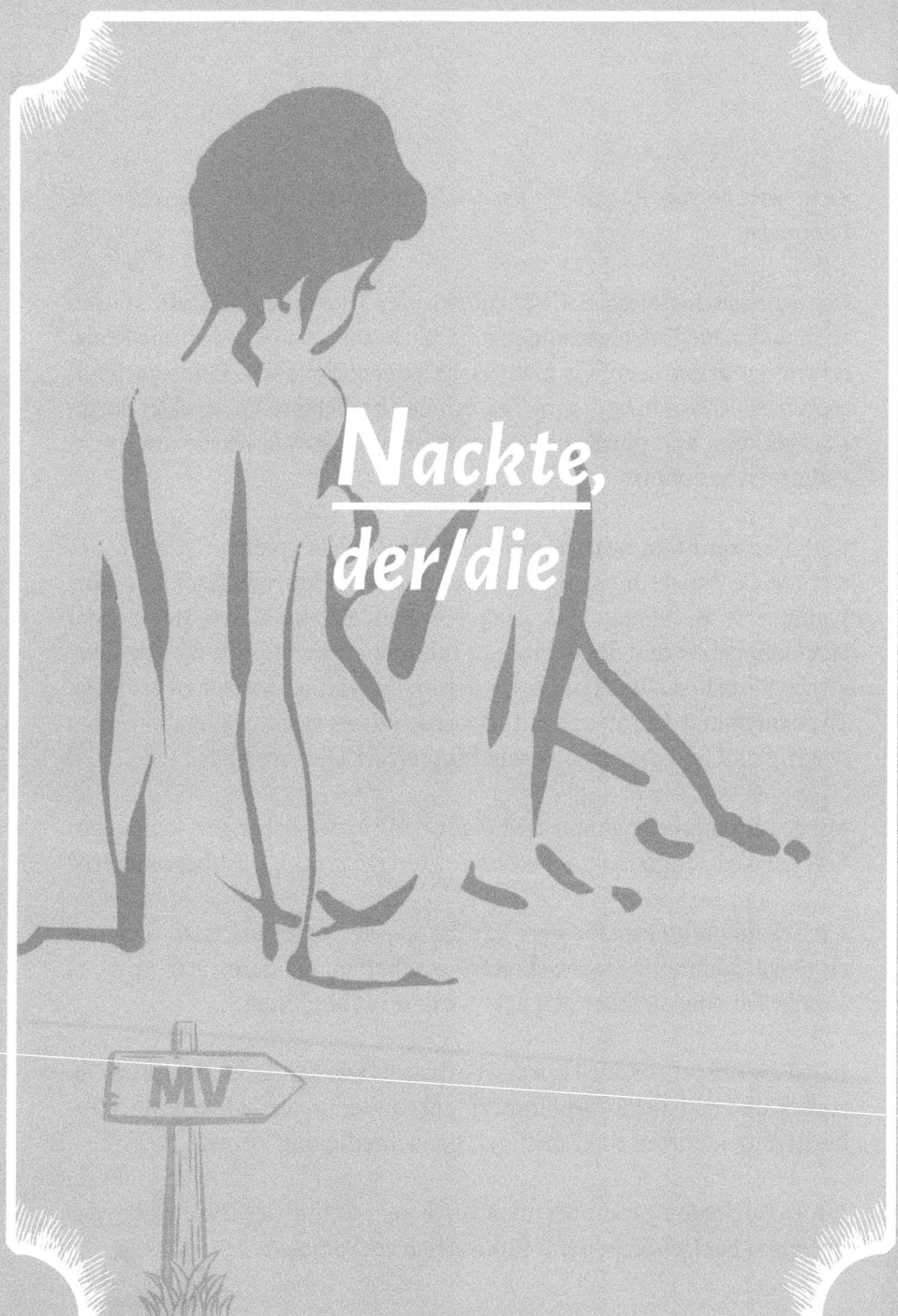

Nackte, der/die

„**S**ommer, Sonne, Nackedeis" hat der ostalgie-verdächtige Eulenspiegel Verlag einen Bildband über „FKK in der DDR"[14] betitelt. Er zeigt den hüllenlosen Arbeiter-und-Bauern-Staat in allen Positionen an der Küste von Mecklenburg und Vorpommern. Wenn auch der Kommunismus Utopie blieb, das Paradies der Schamfreiheit schien hier verwirklicht.

Als der Mecklenburger Herzog Friedrich Franz 1793 in Heiligendamm das erste Seebad Kontinentaleuropas gründete, war Badebekleidung bereits überflüssig. Voyeure kamen trotzdem nicht auf ihre Kosten. Man fuhr in einer Badeschaluppe hinaus, entkleidete sich allein in einer Kabine und stieg dort ungesehen in einen durchlöcherten Badekasten – auch Aalkasten genannt –, um so den adeligen Körper mit dem heilkräftigen Meerwasser zu benetzen.

Als das Seebad im 19. Jahrhundert populärer wurde, reichten Schaluppen nicht mehr aus. Badekarren kamen zum Einsatz. Sie wurden von Pferden ins hüfthohe Wasser gezogen. Unter einer Stoffmarkise konnte sich der entblößte Badewillige ins Wasser begeben – natürlich streng getrennt nach Damen- und Herren-Strand.

Die Stadt zum Baden in die freie Natur lassen: Hätte der Herzog ahnen müssen, welchen sittlichen Komplikationen er die Schleusen öffnete? Immerhin war er nicht nur Regent, sondern auch evangelischer Bischof seines Landes. Und Kirchenvater Luther ermunterte angeblich zwar zum

Rülpsen und Furzen, aber Nacktheit ging gar nicht. In seinem Genesis-Kommentar ereiferte er sich, die einst „ehrliche" nackende Gestalt sei durch den Sündenfall „scheußlich und schändlich" geworden. Die „allerschändlichsten Glieder" aber seien die Geschlechtsteile.[15]

Es kam, wie es wohl kommen musste. Die wachsende Badelust verlangte weitere Rationalisierung. Die Badenden mussten nun ohne Pferd und Wagen ins Wasser traben. Die Markise aber wurde quasi auf dem Körper angebracht: die Geburt der Bademode.

Ihre Evolution folgte dem Prinzip „small is beautiful". Als das weibliche Knie noch erogenes Erregungspotenzial besaß, reichten die in der Regel schwarzen und noch nicht körpernahen Badekleider vom Knöchel bis zum Hals. 50 Jahre später war man für beide Geschlechter bei einem Art Strampler mit Bein- und Ärmelansatz gelandet – nun aus dem neuartigen Woll- oder Baumwolltrikot.

1946 stellte der französische Maschinenbau-Ingenieur Louis Réard einen knappen Zweiteiler für Damen in Paris vor. Neu war weniger der Schnitt. Zweiteiler trugen die Römerinnen vor unserer Zeitrechnung genau wie Amerikanerinnen der Zwischenkriegszeit oder Hitlers Geliebte Eva Braun. Wirklich neu war der Name. Weil wenige Tage vorher das ferne Bikini-Atoll durch den ersten Atomwaffen-Test der USA ins Bewusstsein der Weltöffentlichkeit gelangt war, nannte er ihn werbewirksam Bikini. So wurden Frauen weltweit dazu verurteilt, mit der Bedeckung ihrer Scham an ein Verbrechen des US-Imperialismus zu erinnern. Der Bikini schien das Minimum der Badebedeckung zu markieren – bis in den neunziger Jahren der pobackige String den Stoffbedarf nochmals minimierte.

Bademode war noch lange nicht Strandmode. Sie diente dem Aufenthalt im Wasser. In der Öffentlichkeit seiner Sandburg oder seines Strandkorbs fragte sich der standesbewusste Herr an der Ostsee noch lange, ob er die Krawatte ablegen sollte.

Komplizierte Verhältnisse provozieren radikale Antworten. Die gebildete Schicht hatte beim Griechisch-Unterricht auf dem Gymnasium gelernt, das *gymnos* schlicht nackt heißt. Das griechische Vorbild des deutschen Gymnasiums war eine Anstalt zur nackten Ertüchtigung von Körper und Geist.

Aber nicht an der Ostsee formierte sich die nackte Opposition wider den Zeitgeist. Nacktheit wurde zuerst gepredigt, wo die anonyme Dichte der vielen Menschen erotische Schwüle keimen ließ: in Berlin und anderen Hauptstädten oder in den neuen industriellen Zentren. Der Vorwurf der Sündhaftigkeit wurde von der Lebensreformbewegung der späten Kaiserzeit umgedreht. Nacktheit bei Luft- und Sonnenbädern und im Wasser sei gesund und natürlich. Aufgeilend sei dagegen die verführerische Verhüllung.

Nach dem Massensterben des ersten Weltkriegs wurde Nacktheit zu einem neuen Trend. Für die einen als erotisches Vergnügen mit Nackttänzen auf der Bühne. Die schwarze Amerikanerin Josephine Baker eroberte damit neben Paris auch Berlin. „Ich war nicht wirklich nackt. Ich hatte nur keine Kleider an", gab sie vielzitiert zu Protokoll.

Die anderen schwelgten in Nacktheit, die ganz unerotisch nur der Schönheit und Gesundheit dienen sollte. Wiederum andere konnten gar nicht genug Bilder und Magazine mit den so unschuldigen nackten Auftritten für den pornografischen Eigenbedarf kaufen. Und oben drüber schwebten die Ideologien, denn schlichtes Nacktsein reichte nicht. Bei den Völkischen sollte nackte Gatten-Wahl für schöne rassereine Nachkommen sorgen, auf der Linken wurde Nacktheit als Symbol sozialer Gleichheit gepredigt.

Um sich gegen nackte Ausschweifungen niederer Triebe im Babylon Berlin oder im Wiener Sündenpfuhl abzugrenzen, legte man Wert auf Kultur – Freikörperkultur. Sie war das Gegenkonzept zur dekadenten bürgerlichen Kleidungsgesellschaft. Die Kultur war zugleich die Waffe gegen Polizei und Gericht mit ihren Paragrafen zu Unzucht, Exhibitionismus und öffentlichem Ärgernis.

Aber auch die bürgerliche Rechte ließ sich etwas einfallen. Berühmt wurde der Zwickel-Erlass des preußischen Innenministers 1932:

„Das öffentliche Nacktbaden ist untersagt. Frauen dürfen nur dann öffentlich baden, falls sie einen Badeanzug tragen, der Brust und Leib an der Vorderseite des Oberkörpers vollständig bedeckt, unter den Armen fest anliegt sowie mit angeschnittenen Beinen und einem Zwickel versehen ist. Der Rückenausschnitt des Badeanzuges darf nicht über das untere Ende der Schulterblätter hinausgehen. Männer dürfen öffentlich baden, falls sie wenigstens eine Badehose tragen, die mit angeschnittenen Beinen und einem Zwickel versehen ist. In sogenannten Familienbädern haben Männer einen Badeanzug zu tragen."[16]

Zweifellos ein besonders gelungenes Beispiel behördlicher Fürsorge kurz vor Hitlers Machtergreifung. Dessen Lieblingsmaler Adolf Ziegler brillierte mit detailversessenen Schamhaar-Bildern. Und des Führers bevorzugter Bildhauer Arno Breker konnte ganze Museen mit seinen nackten Herrenmenschen füllen. Gegenüber lebenden Nackten war die Haltung ambivalent. Der Kampf gegen kulturelle Verirrung der Nacktkultur, der „Kampfring für völkische Freikörperkultur" und der „Bund für Leibeszucht" wetteiferten um die wahre nationalsozialistische Einstellung zum unbekleideten Körper.

Das Nacktbadeverbot der Weimarer Republik hob SS-Reichsführer Himmler im Juli 1942 mit einer „Polizeiverordnung zur Regelung des

Badewesens" auf. Nun durfte man einzeln, zu mehreren und auch ge-
schlechtergemischt „öffentlich nackt baden", wenn die Nackten „unter
den gegebenen Umständen annehmen können, dass sie von unbeteilig-
ten Personen nicht gesehen werden, insbesondere auf einem Gelände,
das hierzu freigegeben worden ist". Gleichzeitig wurden die Badenden
ermahnt, das „gesunde und natürliche Volksempfinden" nicht zu ver-
letzen.[17]

Die Ostseebäder Ahrenshoop und Prerow reagierten sofort und richteten
FKK-Strände ein. 1954 sollte Schluss sein mit dieser besonderen SS-Libe-
ralität. Die SED-Stalinisten verfügten für die gesamte Ostseeküste ein
Nacktbade-Verbot zum „Schutz der Werktätigen". Die Intelligenz aus
Berlin und Sachsen reagierte renitent. Eingaben und Aussprachen zogen
sich über zwei Jahre hin. Selbst der Kulturstaatssekretär Alexander Abusch
setzte sich nackt über das Verbot hinweg. Schließlich gab sich die Dikta-
tur des Proletariats geschlagen: Bis zum Ende der DDR sollte auf dem
Papier gelten, was Himmler einst verfügt hatte. In der Realität obsiegte
in der DDR nackte Libertinage wie in keinem anderen Land Europas.

Auch Westdeutschland hatte seine FKK-Bewegung, vor allem in den
1970er Jahren. In Kampen auf Sylt oder Kroatien in Titos Jugoslawien, an
Schleswig-Holsteins Ostseeküste oder im Englischen Garten in München
gaben sich die Naturisten ein Stelldichein.

US-amerikanische Prüderie und muslimische Körperverhüllung haben
seitdem an Einfluss gewonnen. In Mecklenburg und Vorpommern hat
sich das als Ost-West-Kulturkonflikt ausgetobt. Wessis wollten keine
nackte Anarchie, sondern klare Trennung von großen schönen Textil-
stränden und – zur Not – einem Nacktreservat. So machte sich an der
Badebekleidung westdeutsche Übergriffigkeit und fehlender Respekt
vor ostdeutschen Kulturleistungen fest.

Das relativiert sich, wenn man in die Vergangenheit – vor der herzoglichen Gründung des ersten Seebads – schaut. Auskunft dazu gibt „De Urgeschicht von Meckelnborg", die der mecklenburgische Nationaldichter Fritz Reuter 1874 veröffentlicht hat. Von der Leserschaft wurde das Werk in der Regel als Satire missverstanden. Nehmen wir es dagegen beim Wort, ergeben sich neue Ansätze zum Verständnis von Nacktheit und ihrer Vermeidung. Fritz Reuter klärt uns auf, dass der Herrgott bei Erschaffung der Welt mit Mecklenburg angefangen hat. Den „Paradisgoren" habe er zwischen Krakow am See, Groß-Bäbelin und Serrahn in der Mitte Mecklenburgs platziert.

Was dort passierte, das lässt sich mithilfe der Bibel – Moses 1,3.7 – leicht rekonstruieren: Die Schlange redete den beiden Paradiesbewohnern ein, just von dem Baum Früchte zu probieren, deren Genuss der Herrgott verboten hatte. Der Baum der Erkenntnis. Und was erkannten sie? Dass sie nackt waren. Um diesem schamhaften Zustand abzuhelfen, banden sie sich Schurze aus Feigenblättern. Das war sicher nicht einfach, denn Feigen sind hier selten. Jede Baumschule bietet zwar Feigen an, aber die gehen im Winter meist ein. Vielleicht war das der Grund, warum die Kirche später unbekleideten Kunstwerken immer nur ein Feigenblatt applizierte. Die Feige heißt lateinisch übrigens *Ficus* und das daraus gebildete Verb erinnert daran, was man mit Luthers „aller schändlichsten Gliedern" Feines machen kann.

Gott war über diese vegane Mode total erzürnt. Er ordnete stattdessen einen Rock aus Tierfell an, und zwar für beide – Unisex. Vom Zwickel war da überhaupt keine Rede. Tierfellröcke trägt aber auch niemand mehr – jedenfalls in Mecklenburg und Vorpommern. Das Krakower Paradies bietet aber durchaus Orientierung für die Gegenwart. Konkret mit der paradiesischen Insel Schwerin – nicht zu verwechseln mit der Landeshauptstadt oder mit Alt Schwerin in der Müritz. Die Insel im Krakower

See – tatsächlich eine Halbinsel – ist ein romantischer Ort, wo sich Nackte und Angezogene gleichermaßen dem Baden hingeben. Mecklenburg bleibt der Garten Eden.

Ostsee, die

413.000 km² großes und bis zu

459 m tiefes Binnenmeer,

zweitgrößtes Brackwassermeer

der Erde

MV

D ie in Urlauber-Foren aufgeworfene Frage nach der Gefahr von Hai-
angriffen in der Ostsee lässt sich klar beantworten: „Haie ja, Gefahr nein." Es sind 18 Hai-Arten in der Ostsee nachgewiesen worden:
Zum Beispiel der bis zu 2,50 m große Heringshai, der dem berüchtigten
weißen Hai ähnelt, oder der 12 m lange und völlig harmlose Walhai. Hai-
angriffe in der Ostsee wurden allerdings nicht bekannt. Wer den Ad-
renalin-Kick einer Begegnung mit Haien sucht, kann zum Beispiel im
Haifischbecken der Politik mehr Erfolg erwarten als in der Ostsee.

Wer generell an Gefahren für Leib und Leben interessiert ist, wird im
Kleinformatigen unseres Brackwassers fündig. Das 15-50 cm große
Petermännchen zählt zu den giftigsten Tieren Europas. Beim Strand-
spaziergang im seichten Wasser erwischt der schmackhafte Fisch jedes
Jahr circa 40 Menschen mit seinen Stacheln – höchst selten tödlich.

Auch die Badeunfälle der Ostsee halten sich in Grenzen. Jährlich sterben
ein bis zwei Dutzend Menschen. Binnenseen sind zehnfach gefährlicher.
Allerdings würde die Ostsee viel mehr Opfer fordern, wenn nicht Tausende Rettungsschwimmer der Deutschen Lebensrettungsgesellschaft
(DLRG) die deutschen Küsten überwachen würden.

Die Ostsee ist Gegenstand vieler politisch relevanter Streitfragen, zum
Beispiel, wie viel Heringe und Dorsche gefangen werden dürfen, welche
Pipeline gebaut oder gesprengt werden sollte, wie viel Stickstoff und
Phosphor die Landwirtschaft einträgt oder was mit rund 300.000 t

Munition passieren sollte, die zum Teil seit einem Jahrhundert auf dem Grund des Meeres ruht.

Der Sprengstoff einer anderen Frage wurde bisher nicht erkannt. Es geht um den bedeutenden Beitrag, den die Ostsee zur Gender-Debatte leisten kann. Während wir gerade lernen, dass neben Hormonen und damit verbundenen äußeren Geschlechtsmerkmalen auch gefühlte Identität das Geschlecht bestimmen kann, geht es hier um das Geschlecht in Abhängigkeit vom Salzgehalt. Bei Süßwasser – das zuckerfrei und insofern nicht süß ist – wird der männliche Artikel gebraucht: „der See", bei Salzwasser dagegen der weibliche: die Ostsee, die Nordsee, die Südsee. Bisher allerdings nicht die Ostsee*in. Dabei ist die salzhaltige See nicht mit Meer identisch. Zum Beispiel das Steinhuder Meer bei Hannover, in dem Nichtschwimmer wandern können, ist „süß". Und im Niederländischen heißt der See *meer* und die See *zee*. Im Englischen kann man nicht gendern, dort wird zwischen *sea* für Meer und *lake* für den Binnensee unterschieden.

Die Verwirrung lässt sich steigern. Salzwasser wird im angelsächsischen Raum als Kochsalzlösung mit mehr als 1,8 % Salz definiert. Die Ostsee bringt es aber nur auf 1,7 %. In Deutschland wird bloß eine 1%-Grenze für den Salzgehalt angenommen. Nähme man es genau, gäbe es sowohl die Ostsee als auch der Ostsee. Der Salzgehalt der Ostsee stammt nämlich aus der Nordsee, deren Einfluss durch die Darßer Schwelle gebremst wird – ein Geländerücken, der sich von Ahrenshoop in Vorpommern bis zum dänischen Gedser Riff quer durch die Ostsee zieht. Westlich, in der Mecklenburger Bucht, schwankt der Salzgehalt um 1,7 %, östlich im Arkona-Becken dagegen nur um 0,8 %. Das ist Brackwasser.

Das war allerdings nicht immer so. Die ganze Ostsee ist Ergebnis, je nach Blickwinkel, einer Klimakatastrophe oder eines Klimasegens. Noch vor circa 12.000 Jahren – in der jüngeren Dryas-Zeit – streunten im heutigen Mecklenburg-Vorpommern Wollhaarmammuts durch eine baumlose Tundralandschaft am Rande arktischer Eismassen im Nordwesten und einer Polarwüste im Nordosten. Durch die Erwärmung – zwei Grad mehr als heute – und Eisschmelze vor circa 10.000 Jahren wurde der baltische Eisstausee aus Süßwasser immer größer. Schließlich ergab sich eine Verbindung zum offenen Meer mit dem Einbruch von Salzwasser: Das salzige Yoldia-Meer entstand. Vor circa 9.000 Jahren hob sich durch das weitere Abschmelzen der skandinavischen Gletscher das Land. So kam es wieder zu einer Trennung zwischen Yoldia-Meer und offenem Ozean. Aus dem Yoldia-Meer wurde der Ancylus-Süßwassersee. Im weiteren Wettlauf zwischen Landhebung und Hebung des Meeresspiegels entwickelte sich vor 7.000-2.000 Jahren die heutige Verbindung von Ostsee und Nordsee über den Belt zwischen Dänemark und Schweden. Die Ostsee heutiger Gestalt ist also deutlich jünger als etwa die Cheopspyramide in Ägypten.

Ähnlich verwirrend wie die Schwankungen der Ostsee zwischen süß und salzig ist ihr Name. Im Westen der Ostsee wogen irritierenderweise die Nordseewellen. Eine Westsee kennen die Esten unter dem Namen *Länemeri* und damit bezeichnen sie die Ostsee. Angelsachsen und Slawen haben sich auf das Baltische geeinigt. *Mare Balticum*, das klingt nach lateinischer Präzision. Die lateinischen Muttersprachler allerdings kannten kein Baltisches Meer. Für das römische Imperium handelte es sich um das *Mare Suebicum* – nach der Sammelbezeichnung *Sueben* für verschiedene germanische Stämme, von denen sich zum Beispiel die Langobarden später in der Lombardei an der Adria niedergelassen haben. Die namentlichen Erben der *Sueben*, die Schwaben, sind nur bis zum Bodensee vorgedrungen und bezeichnen ihn gerne als „Schwäbisches Meer". Den Namen *Mare Balticum* hat erst Adam von Bremen vor fast 1.000 Jahren eingeführt.

Wenn die See – anders als das Geschlecht vermuten lässt – sich durch mehr Kraft und Gewalt als das männliche Pendant auszeichnet, herrscht doch in der Ostsee eine Milde, die eher an den männlichen See erinnert. Ebbe und Flut machen hier in der Regel nur maximal 30 cm aus, während am Atlantik das 50fache erreicht wird. Statt öder Wattflächen und störender Deiche haben wir Küstenwald und verträumte Buchten.

Pommern

Die Kurzform MeckPom legt dem historischen Laien nahe, dass Pommern etwas mit Pommes zu tun hat. Das ist richtig und falsch zugleich.

D as erste Missverständnis betrifft die Pommes, denn das sind im Französischen Äpfel. Erst der Zusatz *de terre* macht daraus Erdäpfel. Und Fritten sind nur eine Zubereitungsform, die man auf Äpfel – jedenfalls ohne Teigmantel – nicht anwenden möchte. Pomologisch, also obstbaukundlich (nach der römischen Obstgöttin Pomona), ist Pommern sicher nicht das Land, wo Pomelos und Pomeranzen blühen, sondern Äpfel – besonders authentisch der Pommersche Krummstiel.

Weinbau wird in Pommern seit 2.000 Jahren mit großem Erfolg betrieben – allerdings in einem Pommern, das sich von der Göttin Pomona ableitet und mit 500 Einwohnern an der Mosel liegt. Im Nordosten fängt der Weinbau gerade erst an. Angeregt vom benachbarten mecklenburgischen Weinbaugebiet Stargarder Land, müht sich seit einigen Jahren der Loitzer Verein der Peenewinzer die Stare aus seinem Weinacker zu vertreiben.

Anstelle des umständlichen *pommes de terre* haben Pommern und Mecklenburger den schönen Namen Tüffeln, abgeleitet von den italienischen Trüffeln *tartufalo*. Aber Achtung, Tüffeln sollten nicht in anderen Tüffeln – Pantoffeln – serviert werden.

Vorpommern verfügt nicht nur über das einzige Kartoffelmuseum nördlich des Weißwurstäquators in Tribsees. In Pommern begann auch die deutsche Karriere der Pommes. Preußens Friedrich der Große war bekanntlich ein Fan der aus Südamerika stammenden *solanum tuberosum*. Sein erster Kartoffel-Erlass erging am 9. April 1746 anlässlich einer Hungersnot in Pommern, das sich „zu Abhelfung des Brodt-Mangels der Bürger und Bauern, so Land und Gelegenheit dazu hat, sich mit mehreren Fleiß auf Anbauung guter Garten-Früchte, insbesondere der Tartoffeln, befleißigen solle". Schon am 22. Juni kam eine ergänzende Verordnung mit Hinweisen auch zur Verwendung: „Die großen Tartoffeln kann man mit oder ohne Fleisch kochen, und letztenfalls mit Milch, oder Fett, zurichten".[18] Das haben sich die Pommern angesichts ihres guten Kartoffelbodens zu Herzen genommen. Pommersche Buttermilch-Kartoffeln gehören zu den Traditionsgerichten.

Rezept
POMMERSCHE BUTTERMILCH-KARTOFFELN

Zutaten
1.300 Gramm Kartoffeln, mehlig kochende, mit Schale gewogen
2 Zwiebeln
2 Lorbeerblätter
500 Gramm Buttermilch
2 Teelöffel Gemüsebrühe
Salz und Pfeffer
Wasser
Öl

Zubereitung
- Die Kartoffeln schälen, walnussgroß würfeln und in einen Topf geben. Zwei Lorbeerblätter und Brühe dazu und alles mit Wasser übergießen, sodass die Kartoffeln gerade bedeckt sind. Die Kartoffeln kochen, bis sie gar sind.
- In der Zwischenzeit Zwiebeln pellen, hacken und in Öl anschwitzen. Sobald die Kartoffeln gar sind, diese abgießen. Dabei das Kochwasser in einer Schale auffangen.

> ‣ Nun die Lorbeerblätter entfernen und die Zwiebeln und die Buttermilch zu den Kartoffeln geben. Alles stampfen. Vom aufgefangenen Kartoffelwasser so viel dazugeben, bis die gewünschte Konsistenz erreicht ist.
> ‣ Mit Pfeffer und Salz abschmecken. Bei Bedarf noch einmal vorsichtig erhitzen.

Wer keine Buttermilch hat, kann natürlich auch auf die stimmgewaltige Pommern- oder Rügengans ausweichen – ein 18-Pfünder, der seit dem 14. Jahrhundert den Standard der Gänsezucht markiert. Oder die Pommernente, die älteste Entenrasse Deutschlands, die aus unermüdlicher Schneckensuche eine Delikatesse werden lässt und leider auf der Roten Liste gefährdeter Haustierrassen steht. Da trifft sie übrigens auf das Pommernschaf, genauer das Rauhwollige Pommersche Landschaf. Das besonders genügsame Tier mundet nicht nur auf dem Teller, sondern gibt auch Wolle für wetterfeste Pullover. „Wie das Pommernschaf die Mode umkrempelt", titelte der NDR vor einiger Zeit. Vorreiter ist Marco Scheels Unternehmen Nordwolle.

Der Pommer ist dagegen weder essbar – jedenfalls in unserem Kulturkreis – noch kleidsam. Ihm hat der elsässische Schriftsteller Gottlieb Konrad Pfeffel schon im 18. Jahrhundert mit der Fabel „Der Pommer und der Kater" ein Denkmal gesetzt. Der Pommer ist der kleinste Hund aus der Rasse der Spitze – ein fröhlicher, wachsamer und robuster Geselle mit Zirkustauglichkeit. Man kennt ihn nicht mehr, denn er wurde mittlerweile zum *Pomeranian* anglifiziert.

Zweibeinig ist dagegen die Landpomeranze. So nannten Studenten der Biedermeierzeit junge Mädchen vom Lande, die nicht über die vornehme, aber auch kränkliche Blässe der Städterin verfügten. Ihre frische Gesichtsfarbe erinnerte an Bitterorangen, Pomeranzen eben. Man kann sich leicht vorstellen, dass die jungen Herren das Ihrige dazu beitrugen, den unschuldigen Jungfrauen noch mehr Röte ins Gesicht zu zaubern. Später assoziierte der Begriff eher fehlendes Benehmen und unzureichende Weltgewandtheit. Auch wenn der Begriff im Süddeutschen entstand, verschlug es viele Landpomeranzen aus Pommern nach Berlin.

Sprachlich führen all diese Überlegungen leider in die Irre. Pommern liegt am Meer und mehr bedeutet der Name auch nicht: *po more* – am Meer. So nannten slawische Stämme das Gebiet, das sie ab Ende des fünften Jahrhunderts besiedelten. Ihre Vorbewohner, Ruger und Goten, hatten sich zuvor bei der Völkerwanderung in südliche Gefilde aufgemacht. Mit der deutschen Einwanderung im Mittelalter wurde daraus Pommern.

Po more beschreibt auch das Dilemma Vorpommerns: Am Meer tobt der Bär und fernab von Demmin bis Pasewalk ist der Hund begraben. Jedenfalls galt das lange. Mittlerweile lassen steigende Immobilienpreise in den Metropolen Berlin und Stettin in Verbindung mit Home-Office immer mehr Menschen hier nach Erst- oder Zweit-Wohnsitzen Ausschau halten.

Pommern ist nicht zuletzt Hort von Wissenschaft und Weisheit. Das vorpommersche Greifswald glänzt mit der zweitältesten Universität des gesamten Ostseeraums, gegründet 1456. Nur die Universität Rostock existiert bereits seit 1419. Weisheit wächst aber auch auf dem Land. Reichsgründer Otto von Bismarck, der zwar in der Altmark geboren wurde, aber im hinterpommerschen Kniephof aufwuchs, bekannte 1885, dass er in Fragen nationaler Politik nie den rechten Fuß niedersetze, bevor er wisse, wo er den linken hinstellen könne – das habe er in den pommerschen Sümpfen gelernt.[19]

Qualle, die

Lebensstadium von Nesseltieren

„Qualle 19" nennt sich ein Radioprogramm. Wie passend für ein Küsten-Radio, mag man denken. Qualle 19 wird jedoch in Wien ausgestrahlt, wo es ebenfalls seit einiger Zeit Quallen in der Donau gibt, allerdings Süßwasserquallen, deren Herkunft in Brasilien oder Ostasien vermutet wird. Qualle 19 bezeichnet sich allerdings als „queeres Radio für alle".

Tatsächlich führt die Qualle zwei ganz unterschiedliche Leben: Ein edles kulturelles in der Fantasiewelt und eine eklige Glibberexistenz an der Küste.

Wer durch die Fan-Shops des Quallen-Kults surft, staunt über all die T-Shirts und iPhone-Hüllen, Wandteppiche und fluoreszierenden Stickereien. Es gibt jede Menge Quallenlampen und -laternen, obendrein Quallen-Malbücher für Kinder und sogar Erwachsene. Das Online-Angebot macht auch einen riesigen Bedarf an gehäkelten Quallen offensichtlich. Kaum ein psychedelisch angehauchtes Festival kommt ohne Quallen-Deko aus – in der Luxusvariante mit Tentakeln, die bei Berührung die Farbe wechseln. Das alles getreu einem Notizbuch-Cover, das in Abwandlung von Loriots Mops-Devise verkündet: Ein Leben ohne Quallen ist möglich, aber sinnlos!

Die Qualle spiegelt oder symbolisiert psychedelische Zustände, sie ist aber auch ein Wappentier der queeren Bewegung. Dem diversen Geschlecht gefällt das verwirrende Sexualleben der Glibbertiere. Die Qualle ist ungeschlechtliches Kind von am Meeresboden sitzenden Polypen und erzeugt durch männliche Befruchtung weiblicher Qualleneier Larven, die wieder zu Polypen werden. Die Unterscheidung zwischen männlich und weiblich ist so schwierig, wie sich das Queere wünschen.

Die Verbindung von Sex und Qualle ist allerdings älter als die Queer-Bewegung. In zahlreichen Sprachen heißt der Pudding mit Tentakeln Medusa oder Meduse. Das geht zurück auf Carl von Linnés Naturklassifizierung. Er gab Mitte des 18. Jahrhunderts der Qualle die Bezeichnung Medusa und mochte dabei an Bilder vom Haupt der Medusa gedacht haben, wie von Caravaggio oder Rubens gemalt.

Die antike Geschichte in Kürze: Die Göttin Athene beobachtet Poseidon in ihrem Tempel beim Sex mit der betörend schönen Gordonin Medusa. Aus Zorn verwandelt Athene die Schöne in ein Ungeheuer mit Schlangenhaaren und grünen Augen, bei dessen Anblick jeder zu Stein erstarrt. Perseus, der Sohn des Zeus, schafft es trotzdem, Medusa den Kopf abzuschlagen, weil Athene ihm einen verspiegelten Schild leiht, so dass er die Enthauptung mithilfe des Spiegelbilds bewältigt. Den Kopf nimmt er mit, um damit seine Feinde erstarren zu lassen. Athene heftet schließlich den Kopf auf ihren Schild. Das Abbild wurde zum universellen Motiv für Waffen, Amulette, Sarkophage, Schiffe oder Gewänder. Es braucht nicht übermäßig Fantasie, um auf die Verbindung von Medusenhaupt und Qualle zu kommen.

Sigmund Freud hat das Medusenhaupt psychoanalytisch als Kastrationsangst beschrieben, die den Knaben beim Anblick des weiblichen Genitals ergreift. Vielleicht ist das die Idee von Kleidern, die im Schritt eine gewaltige Qualle aufgedruckt haben.

In anderer Weise explizit wird ein weitverbreitetes angelsächsisches Versprechen auf Postkarten und Freundschaftsringen: „If you were stung by a Jellyfish I would totally pee on you." – Wenn Du von einer Qualle gestochen würdest, würde ich Dich total bepinkeln. Dieses auf eine amerikanische Fernsehserie zurückgehende Versprechen stützt sich vordergründig auf die Mär, dass Urin Quallenbrennen lindert. Das ist längst widerlegt. Pipi macht es nur schlimmer. Insofern ist fraglich, ob es hier nicht mehr um eine sehr besondere sexuelle Annäherung als um Erste Hilfe geht.

Damit sind wir bei Verletzungsängsten, die nicht nur ein spezielles Körperteil und nur ein Geschlecht betreffen. Die schlechte Nachricht lautet: Quallen verfügen über bis zu 20 Meter lange Tentakeln, deren Nesselzellen ihren Opfern mit einem Druck von 150 bar das Nesselgift injizieren. Die Folgen können von Hautreizungen über Kopf- und Muskelschmerzen, Erbrechen und Kreislaufkollaps bis zum Tode reichen. Die Gefahr lauert selbst dann in den Tentakeln, wenn sie von der Qualle abgetrennt im Meer schwimmen oder die Qualle am Strand schon tot ist.

Die gute Nachricht: In der Ostsee haben wir es mit der ungefährlichen Ohrenqualle und in Ausnahmefällen mit der gelben Nessel-Qualle, der so genannten Feuerqualle, zu tun. Letztere kommt aus der Nordsee zu uns und kann durchaus unangenehme Verbrennungen verursachen. Wer Angst hat, von einer Qualle gequält zu werden, sollte eine Erste-Hilfe-Tasche mitnehmen. Folgt man den konkurrierenden Empfehlungen, wären einzupacken: wasserfeste Sonnencreme, eine Sprühflasche Essig, aber nicht Essigessenz, einige Tütchen Backpulver, Rasierschaum, Brandsalbe und Wärmepacks. Wer auf Nummer sicher gehen will, nimmt einen Quallenschutzanzug mit, wie in Australien üblich. Therapeutische No-Gos sind Süßwasser, Alkohol und eben Urin.

In Konflikt mit Quallen gerät der Mensch auch ohne Baden. Quallen ruinieren Lachsfarmen im offenen Meer, gefährden Fischtrawler und blockieren sogar mit ihren Glibbermassen die Kühlwasserzufuhr von Atomkraftwerken. Hier wie bei ihrer Massenvermehrung zur Zeit unserer Schulferien im Juli und August geht es um die Frage: Wer war zuerst da? Da hat die Qualle die älteren Rechte. Als die Affen in der afrikanischen Savanne den aufrechten Menschengang übten, tummelten sich die Quallen schon seit 500 Millionen Jahren im Wasser.

Reden wir also lieber darüber, wie wir Quallen nutzen können. Die Wissenschaft hat da einige Ideen. Aus dem Kollagen der Quallen sollen Schmiermittel für quälende Arthrosegelenke und für Kosmetika werden. Der Quallenschleim könnte im Klärwerk Microplastik aus den Abwässern binden. Quallen taugen als Düngemittel ebenso wie Nahrungsmittel. Lederschildkröten zum Beispiel vertilgen 330 kg Quallen pro Tag. Das schafft ein Mensch normalerweise nicht.

Die hirn- und herzlosen, grätenfreien und blutleeren Glibberlinge mit 99% Wassergehalt finden tatsächlich den Weg auf die Speisekarte. Nach Entfernung der Tentakeln sind aus Sicht der Wissenschaft alle Quallen essbar. Man kann sie kochen, frittieren und nach Entwässerung zu Chips verarbeiten. In Ostasien werden sie seit langem verzehrt, sogar roh in Sushi.

Um in Vorbereitung eines sommerlichen Ostsee-Urlaubs die Missstimmung gegenüber dem Bad in Quallenschwärmen zu drehen, könnte man zum Beispiel Quallen-Tagliatelle auftischen.

Nicht alle brauchen eine solche mentale Vorbereitung. Für Hartgesottene gehört zu den Strandfreuden sowieso eine Schneeballschlacht mit Quallen. Wer noch mehr satanische Energie verspürt, baut eine Quallengrube: Buddel ein großes Loch dort in den Sand, wo bevorzugt Spaziergänger

> ### Rezept
> ### QUALLEN-TAGLIATELLE
>
> *Zutaten*
>
> 1 kg eingelegte Quallen   Gemüsebrühe
> (aus dem Asia-Markt)   1 Limette
> 500 Gramm Tagliatelle   Petersilie
> 1 Möhre   Salz & Pfeffer
> Olivenöl
>
> *Zubereitung Quallen-Tagliatelle*
> ‣ Quallenstreifen unter laufendem Wasser gründlich waschen
> ‣ Gewaschene Quallenstreifen für wenige Sekunden in heiße Gemüse-
>   brühe geben. Danach sofort abtrocknen und in Eiswasser geben
> ‣ Nachdem die Quallenstreifen komplett abgekühlt sind, erneut
>   ordentlich abtrocknen (Das erhält die Konsistenz)
> ‣ Qualle mit den übrigen Zutaten würzen
> ‣ Die Möhre ebenfalls in Streifen schneiden und kurz blanchieren
> ‣ Tagliatelle kochen, abgießen, anschließend mit den Quallenstreifen mischen
> ‣ Mit blanchiertem Meeresspargel und Meeresspargel-Pesto garnieren

unterwegs sind. Fülle es mit reichlich Quallen. Decke es mit einer dünnen Sandschicht ab und warte auf das erste Opfer.

Man sieht: Von der Sexualität und Esoterik über Medizin und Kulinarik bis zur Freizeitgestaltung am Strand harmoniert die Qualle mit ganz unterschiedlichen kulturellen Neigungen.

Raps, der

Einjährige Krautpflanze aus der Familie der Kreuzblütengewächse (Brassica), zu denen Kohl in unterschiedlichsten Formen gehört.

MV

I m April/Mai bricht das Gelbfieber in Mecklenburg-Vorpommern aus. Große Flächen des Landes sind leuchtend gelb gekleidet, wie es Christo nicht eindrucksvoller hätte inszenieren können. Der Raps blüht. Ob er duftet oder stinkt, ist umstritten. Beides stimmt wohl. Der intensiv süßliche Duft der beginnenden Blüte weicht am Ende einem säuerlich-kohligem Geruch. So betörend soll Raps sein, dass er Kopfschmerzen bereitet und wenn man im Rapsfeld einschläft, nie wieder aufwacht. Zumindest Letzteres ist unbewiesen.

Außerhalb der Blütezeit sieht Raps so unspektakulär wie viele kopfloszottelige Kohlpflanzen aus, zum Beispiel die Steckrübe (▸ Ananas), eine enge Verwandte des Raps. Aber die Blüte wird so mit Mecklenburg-Vorpommern assoziiert, dass selbst das Gelb in der Landesflagge von der Rapsblüte abgeleitet wird. Klingt gut, aber die Sache mit dem Raps und dem Rapsland MV ist etwas verwickelt.

An der Pflanze interessieren den nutzungsorientierten Menschen die eher unscheinbaren kleinen schwarzen Samenkörner. Aus ihnen wurde schon vor Jahrtausenden Öl gewonnen, vor allem für Öllampen. Als Nahrungsmittel oder Futter taugt Raps ursprünglich nämlich nicht, weil er zwei ungenießbare, beziehungsweise ungesunde Bestandteile in hoher Konzentration enthielt: Erucasäure und Glucosinolate. In die Küche kam Rapsöl deshalb nur in Notzeiten.

Mit dem Siegeszug des fossilen Petroleums im 19. Jahrhundert für damals überraschend helle Petroleumlampen hatte auch die Rapsöl-Funzel ausgedient. Der Rapsanbau wurde im letzten Viertel des 19. Jahrhunderts zu einem eher unbedeutenden Agrarprodukt, das nur in Kriegszeiten im fettarmen Deutschen Reich an Relevanz gewann. Ansonsten fand Raps in der Technik und für Schmierstoffe Anwendung.

Seit den 1980er Jahren gibt es so genannten 00-Raps. Mit dem WC hat er nur auf Umwegen zu tun. Doppel-Null bedeutet: weitgehend frei von den Problemstoffen Erucasäure und Glucosinolate. Damit wurde Raps erstmals ein hervorragendes Nahrungsmittel, das – nur bei Kaltpressung – der vielen kleinen Samenkörner ein höchst gesundes Öl mit vielen ungesättigten und Omega-3-Fettsäuren ergibt. Aus dem minderwertigen Lampenöl wurde das geschmacklich und ernährungsphysiologisch edle „Olivenöl des Nordens".

Nur die Rehe hatten ein Problem. Das saftige Grün des Winterraps in der vegetationsarmen Zeit hatte mit den Bitterstoffen eine eingebaute Fressbremse. Vom 00-Raps fraßen sie nun so viel, dass sie mit dem hohen Eiweißgehalt der Kohlpflanze Verdauungsprobleme bekamen, die teilweise tödlich verliefen. Tierfreunde waren empört über diese Manipulation der Natur. Mittlerweile haben die Wiederkäuer ihre Lektion gelernt und halten maß.

Bevor sich der gute Ruf des Raps für den Magen richtig verbreiten konnte, wurde er schon für den Motor entdeckt. In den neunziger Jahren kam die erste Welle „weg von den fossilen Brennstoffen". Das Rapsöl hatte die schöne Eigenschaft, dass es Diesel entweder ganz oder als Zusatz ersetzen konnte. Autofahrer erinnern sich an die E10-Einführung beim Benzin. Dabei wurde Bioethanol meist aus Mais oder Zuckerrüben zugesetzt. Der Rapsöl-Zusatz beim Diesel war noch viel einfacher und ein großes Geschäft. Um den so genannten Bio-Diesel durchzusetzen, wurde er von der Kraftstoffsteuer befreit und eine Beimengung zum Diesel vorgeschrieben. Viele neue Anlagen zur Aufbereitung des Raps für den Motorbetrieb wurden gebaut, und die Anbaufläche wuchs gewaltig.

Aber es kam wie bei manchen guten Ideen, die zu schnell und machtvoll durchgeboxt werden. Dem Hype der nachwachsenden und CO_2-neutralen Rohstoffe folgte der Kater steigender Lebensmittelpreise mit einer moralisch aufgeladenen Tank-versus-Teller-Debatte. Als die neue Rapsverwendung mit großen Investitionen hochgefahren war, kam deshalb die politische Rolle rückwärts. Raps als Ersatz für fossile Brennstoffe läuft aus. Es bleibt die Karriere als Superfood – nicht nur für den Menschen, auch für Rinder, Schweine und Hühner, die die Pressrückstände der Ölerzeugung als gesundheitsförderndes Kraftfutter genießen.

Die bedeutendsten Rapszüchter, denen dieser Erfolg zu verdanken ist, kommen von der Insel Poel. Dort hatte sich der Landwirt Lembke 1897 der Rapszucht zugewandt. Die Familienfirma ist heute noch Marktführer für Rapssaat.

Also alles im grünen Bereich mit dem Raps in MV? Das Problem sind einige Verehrer der gelben Pracht, die anders als die Biene keine mediale Aufmerksamkeit erfahren: der Erdfloh, der Rapsstängelrüssler, der Kohltriebrüssler und ganz besonders der Rapsglanzkäfer. Letzterer kann mit Totalausfall der Ernte dafür sorgen, dass die Gruselgeschichten vom Tod im Rapsfeld für den Ökobauern ökonomisch wahr werden. Ökologisch angebauter Raps hat deshalb einen Anteil von deutlich unter 1 % an der gesamten Rapsfläche. Und der besonders süße und cremige Rapshonig enthält in der Regel Rückstände von Insektiziden. So ist der Raps mit der Veränderung seiner Gene, der Affinität zu Verbrennungsmotor und Viehzucht sowie der Agrochemie doch eher ein gelber Widerspruch zum grünen Zeitgeist. Wie aus der seit Jahrhunderten goldgelben Landesfarbe 1990 eine viel hellere rapsgelbe wurde, bleibt hier ein ungelöstes Rätsel.

Unbeeindruckt von solchen kritischen Überlegungen zeigt sich die Rapsblütenmonarchie. Seit 2003 wird alljährlich in Sternberg die Landesrapsblütenkönigin gekürt. Ein Prinzgemahl gehört sogar der Landesregierung an. Till Backhaus, der dienstälteste Landwirtschaftsminister Deutschlands, hat 2012 der von ihm gekrönten Königin Ivonne – einer jungen Zahnärztin aus Rostock – das Ja-Wort gegeben. Jedenfalls geht der Raps mit der Zeit: Seit 2018 können sich auch Männer als Königin bewerben.

Rom

Ortsname

MV

V iele Wege führen nach Rom, sagt ein altes Sprichwort. Das haben sich auch die Straßenbauer in Mecklenburg-Vorpommern zu Herzen genommen. Gerne sperren Sie einfach mal eine Bundesstraße komplett. Nicht für ein paar Stunden, sondern Wochen. An der Sperrung wird dann eine Umleitung von vielleicht 20 oder 30 Kilometern angezeigt.

Nach Rom kommt man in Mecklenburg tatsächlich nur über die Bundesstraße 191 oder die Kreisstraße 121. Sonst allenfalls noch über Feldwege.

Woher die Redensart mit den vielen Wegen stammt, ist unklar. Der Urheber des Satzes „Tausend Wege führen die Menschen immerfort nach Rom", ist dagegen bekannt. Es war der heilige Alanus, ein Franzose, im zwölften Jahrhundert. Gemeint ist das natürlich im übertragenen Sinne: Der römische Papst ist das Zentrum von Allem. In Mecklenburg-Vorpommern trifft das gewiss nicht zu. Unter den 1,6 Millionen Landesbewohnern bekennen sich gerade mal 50.000 zur Papst-Kirche. Immerhin, könnte man denken.

Losgesagt hat sich das Land von Rom gut 40 km entfernt an der Sagsdorfer Brücke. Das war 1549. An der Warnowbrücke des kleinen Dorfes bei Sternberg kamen traditionell die Landstände Mecklenburgs zusammen, weil hier verschiedene Herrschaftsgebiete aufeinandertrafen. Diese Landtage fanden unter freiem Himmel statt – über fast drei Jahrhunderte jeweils für nur einen Tag. Das ist auch das einzig Berichtenswerte über das Dörfchen Sagsdorf.

Bei ihrem letzten Landtag hier einigten sich die Mecklenburger Herzöge, die Ritterschaft, die Geistlichkeit und die Bürgermeister der Städte, in Mecklenburg die Luthersche Lehre verbindlich zu machen. Danach kamen sie nur noch im nahe gelegenen Sternberg oder in Malchin unter komfortableren Bedingungen zusammen.

Diesen Traditionsbruch würdigt in der Sternberger Kirche ein Monumentalgemälde, das den Reformationslandtag an der Sagsdorfer Brücke zeigt – so wie man sich das 1895 im farbenfrohen Wilhelminismus ausmalte. Dazu wurde gleichzeitig ein Luther-Fenster eingeweiht, das Luther in der Mitte zwischen beiden Herzögen zeigt. Der Gläubige soll denken, dass die Herrscher gemeinsam mit dem Reformator die neue Lehre beschlossen haben. Das ist dreist, denn beim Reformationslandtag lag Luther schon über drei Jahre unter der Kanzel der Wittenberger Schlosskirche.

In Mecklenburg gab es engagierte Mitkämpfer Luthers. Die Herrschaft hatte aber erst mal gewartet, wie der Hase läuft und die wahre Lehre erst erkannt, als die materiellen Gewinne aus der Enteignung der römischen Kirche allzu verlockend wurden. In der neuen Kirche hatte nicht mehr der römische Papst, sondern praktischerweise der Herzog selbst als Bischof das letzte Wort. Bis zur Revolution 1918.

In der Landespolitik von Mecklenburg-Vorpommern spielt die Evangelische Nordkirche auch heute noch eine einflussreiche Rolle. In der Bevölkerung ist ihr Rückhalt mittlerweile auf unter 14 % gesunken. Mecklenburg-Vorpommern ist heute konfessionslos. Rom an der B 191 mit seinen 260 Einwohnern gewiss auch. Ebenso wie die 314 Lutheraner, die im Nachbardorf Lutheran wohnen. Nirgendwo sonst auf der Welt sind sich Rom und Luthertum so nah.

Erstaunlich bleibt, dass der 31. Oktober als legendärer Jahrestag von Luthers Thesenanschlag in Mecklenburg-Vorpommern und den anderen Ostländern gesetzlicher Feiertag ist. Das war noch eine Entscheidung der letzten ziemlich protestantischen DDR-Regierung 1990. Sie bewegte sich ganz auf der Linie des Antichristen, hatte doch schon die atheistische Sowjetische Militäradministration 1946 eine Feiertagsregelung für den Reformationstag beschlossen.

Beim mecklenburgischen Rom ist die Namensherkunft spekulativ. Lutheran hieß im 14. Jahrhundert lange vor Luther noch Latran.

Schweiz, die

Gebirgiges Land in Zentraleuropa mit zahlreichen Seen, Dörfern und hohen Alpengipfeln; nach der Legende 1291 mit dem Rütli-Schwur als „Ewiger Bund" und 1848 als Bundesstaat heutiger Form gegründet.

MV

W as so eindeutig erscheint, wird in Mecklenburg-Vorpommern mehrfachen Verwirrungen unterzogen. Hier liegt die Schweiz zwischen (▶) Rom und Kamerun im Süden und der Kleinstadt Tessin im Norden sowie dem kleineren Groß Tessin und dem noch kleineren Tessin im Westen. Salem steht nicht für das Schloss-Internat am Bodensee, sondern mit Hafen und Berg (!) am Kummerower See mitten in der hiesigen Schweiz. Und Tessin ist das altpolabische, also slawische Wort für Freude und Trost.

Die Schweiz in Mecklenburg ist eine Kopfgeburt wohl des Erbprinzen Georg von Mecklenburg-Strelitz. Der gab 1811 der Umgebung von Burg Schlitz diesen Namen. Heute erstreckt sich die seenreiche Hügellandschaft mit ihren imposanten Eichen zwischen Teterow, Neukalen, Malchin und Vollrathsruhe. Originell war der Prinz nicht. Deutschlandweit gibt es 105 Schweizen, die schönste und bedeutendste befindet sich natürlich in Mecklenburg.

Dabei verfügt die Mecklenburger Schweiz nicht einmal über die höchsten Erhebungen des Bundeslandes, die sich in den Helpter Bergen (bis zu 179 m) bei Woldegk und den Ruhner Bergen (bis zu 176,6 m) an der Grenze zu Brandenburg nahe der Autobahn Hamburg-Berlin finden. In der Mecklenburgischen Schweiz schaffen Schlanker Berg und Hardtberg gerade einmal 123 m. Schweizer Skiverhältnisse findet man ganzjährig 150 Autokilometer westlich im mecklenburgischen Wittenburg direkt an der A24 – ohne Berg in einer Riesenhalle mit 31% Gefälle.

Nicht zu verwechseln mit den Bewohnern der Mecklenburgischen Schweiz sind die Schweizer in Mecklenburg-Vorpommern. So nannte man ursprünglich aus der Schweiz stammende Arbeitskräfte, die sich seit dem 19. Jahrhundert auf Viehzucht und Molkerei nach Schweizer Art verstanden. Zu jedem Gut mit Rinderhaltung gehörten deshalb Schweizer.

Im Schweizerhaus wohnten sie eher nicht, denn das war ein herrschaftliches oder gastronomisches Anwesen in schweizerisch anmutender Holzkonstruktion. Gerade wurde ein Schweizerhaus im Schlosspark von Ludwigslust restauriert.

Was wäre die Schweiz ohne das Alphorn? Schon 1856 schrieb Mecklenburgs Nationaldichter Fritz Reuter in „Meine Vaterstadt Stavenhagen" über das Mecklenburger Alphorn, dem sich heute ein Verein und eine „Mecklenburger Alphorn-Akademie" mit zahlreichen Auftritten widmen. Im Gegenzug erblickte das bekannte Ostseewellenlied nicht etwa in Wismar oder Stralsund die Welt. Nein, die Uraufführung fand 1909 in Zürich statt (▶ Landeslied).

„Die Schweizermacher" heißt der erfolgreichste Schweizer Film seit Beginn statistischer Erfassung. Er entstand 1978 und wurde 2010 auch als Musical uraufgeführt. Die satirische Story geht darum, dass Ausländer für die Einbürgerung beweisen müssen, schweizerischer als Schweizer zu sein. Der Regisseur Rolf Lyssy verarbeitet darin Erfahrungen seines Freundes (eines Onkels des Autors), der aus Wismar stammend Schweizer wurde.

Warum in die Ferne schweifen, denn die Schweiz ist doch so nah...

Soll, das

- *Dispositionskredit oder eine Kontoüberziehung beim Bankkonto*
- *Die linke Seite eines Kontos in der kaufmännischen Buchführung, „Soll und Haben"*
- *Moralische Schuldigkeit*
- *Ermessensspielraum bei Gesetzen und Regelungen*
- *Kleingewässer in Toteislöchern im nordostdeutschen Tiefland*

MV

D as Soll findet man in Mecklenburg-Vorpommern in reicher Zahl. Wen überrascht das? Hier sind die Löhne im Durchschnitt niedriger als in den anderen Bundesländern und die meisten Menschen haben nicht viel auf der hohen Kante. Die Bank-Auskunft würde allerdings ergeben, dass zum Beispiel in Bremen und Berlin mehr Mitbürgerinnen und Mitbürger ins Soll geraten als in MV. Hier weiß man mit Wenigem zu wirtschaften.

Die Einheimischen haben einen guten Blick für das Soll. Der Landwirt umfährt es, ob er nun zehn oder 10.000 ha in Bearbeitung hat. Mancher hat schon versucht, das Soll zu beseitigen. Das ist nicht gut gegangen. Es gibt Ärger mit der Obrigkeit und es bringt auch nicht den gewünschten Effekt, eher eine Sollbruchstelle. Dort ist kein Boden gutzumachen.

Das Wildschwein dagegen gehört zwar nicht zu den Bankkunden, geht aber gern ins Soll. Denn Soll kommt von Suhlen und das ist Wellness für die wilde Rotte.

Wellness würde der Mensch eher auf dem Söller suchen. Das ist nicht das Soll in Döller, sondern das Gegenteil. Statt grünem Schatten in feuchtem Dickicht bietet der Söller in praller Sonne den Blick nach unten. Söller ist nichts anderes als die Eindeutschung des lateinischen Solariums und bezeichnet die Dachterrasse unter freiem Himmel, zum Beispiel bei einer mittelalterlichen Burg.

Ein Soll und die vielen Sölle fallen dem Besucher des Landes überall auf. Mitten auf dem weiten Acker steht plötzlich eine kleine Baumgruppe. Kommt man näher, zeigt sich ein Biotop mit reicher Pflanzenvielfalt und einem Gewässer, das je nach Jahreszeit und Wetter übervoll oder bis auf einen matschigen Kern ausgetrocknet ist. Neben Wildschweinen fühlen sich hier viele andere Tiere wohl, vor allem Vögel, Amphibien und Insekten. Auf dem Luftbild erscheint die Landschaft gesprenkelt mit solchen grünen Oasen. Auch der Dorfteich ist oft ein Soll.

Das Lexikon definiert dieses Soll fern von Bank und doppelter Buchführung als „Toteisloch" oder „Toteiskessel". Aber was bitte ist totes Eis? Geht es um heidnische Riten, bei denen die Eingeborenen zu Frühlingsbeginn das letzte Eis bestatten? Oder profaner um Plätze, an denen der Winterdienst Eis und Schneematsch deponiert?

Tatsächlich reden wir über einen Tod, der schon vor über 10.000 Jahren stattgefunden hat. Die Toteislöcher hängen mit Klimawandel zusammen, der die Erde seit Millionen Jahren begleitet. Im Tertiär – vor circa 66 Millionen Jahren – war sogar der Nordpol eisfrei. Bei uns fühlten sich Palmen und Krokodile im subtropischen Klima wohl. Dann wurde es kälter und seit circa 1,6 Millionen Jahren leben wir in einem Eiszeitalter – dem Quartär. Innerhalb des Eiszeitalters gibt es starke Temperaturschwankungen zwischen Warm- und Kaltzeiten, die sich alle paar tausend Jahre abwechseln. In der Kaltphase tauten die Niederschläge nicht mehr. So wurde Skandinavien von einem 3.000 m hohen Eispanzer überzogen. Seine Ausläufer erstreckten sich zuletzt bei uns bis zur Elster, Saale und Weichsel. Als die Weichsel-Eiszeit vor circa 20.000 Jahren allmählich zu Ende ging, tauten diese riesigen Gletschermassen.

Gletscher sind immer in Bewegung und ihrer Gewalt hält nichts stand. Die vielen bunten Steine am Strand zeigen, wie die Gletscher skandinavische Gebirge zermalmt haben. So kamen riesige Materialmassen in

Bewegung, die sich in unserem Land um die 100 m auftürmen. Im Tauprozess brachen kleinere und größere Brocken aus dem Gletscher heraus. Sie sind mit dem lebenden, das heißt in Bewegung befindlichen Gletscher nicht mehr verbunden und werden deshalb Toteis genannt.

Die Sande, Sedimente und Gerölle, die das Schmelzwasser des Gletschers transportiert, lagern sich um diese riesigen Eisklumpen ab und bedecken sie schließlich auch. Das Eis ist quasi beerdigt und wird so für Jahre, Jahrzehnte oder Jahrhunderte konserviert. Wenn es dann doch irgendwann schmilzt, bricht die Decke ein und es entsteht in der Regel ein bis zu 10 m tiefer Hohlkörper, der sich mit Schmelz- und Regenwasser füllt. Und schon haben wir ein Soll.

Bis aus dem Loch in der norddeutschen Tundra allerdings ein reiches Biotop wurde, brauchte es wohl noch lange Zeiträume.

Die Zahl der Sölle ist sei dem 19. Jahrhundert immer weiter zurückgegangen. Viele wurden mit Müll verfüllt und beim Pflügen peu à peu eingeebnet. Und die Dränage der Äcker hat ihnen teilweise das Wasser abgezapft. Trotzdem, auch ehemalige Sölle bleiben Problemstellen auf dem Acker.

Die Sölle haben auch ihr Aussehen verändert. Die poetische Bezeichnung als Augen Mecklenburgs bezieht sich auf die Spiegelung des Himmels in der runden Wasserfläche. Seitdem die Böden üppig mit Nährstoffen versorgt werden, hat das den Bewuchs der Sölle so gefördert, dass Wasser unter den Weiden- und Erlenkronen nur noch zu erahnen ist.

Seit 1992 sind Sölle von mindestens 25 m² Größe gesetzlich geschützt. Teils werden auch verlandete Sölle wieder renaturiert oder es werden Gehölze zurückgeschnitten. Sölle gibt es nicht nur in Mecklenburg-Vorpommern, sondern auch in Ostholstein, Brandenburg oder – durch die

Alpengletscher – in der Voralpen-Region. Aber so viele wie hier findet man nirgendwo. Genannt wird die Zahl von aktuell noch circa 10.000 Söllen in MV. Diese Sollgröße der Sölle zu sichern ist auch ein Soll, ein Gebot oder eine Pflicht laut Grimms Wörterbuch.

Strelitzie, die

- *Strelitzia Reginae: Paradiesvogel-/ Papageienblume aus der Familie der Strelitziengewächse, 1,5-2 m hoch, ursprünglich Südafrika*
- *Strela (slawisch): Strahl, Pfeil, auch Serienname sowjetischer/ russischer Flugabwehrraketen*
- *Streletz (slawisch): Schütze*

MV

S trelitzen bildeten seit Mitte des 16. Jahrhunderts die Palastgarde des Moskauer Zaren, ein erblicher Stand mit Sold und Grundbesitz und eigenen Vorstellungen vom Zarentum, denen sie in zwei Aufständen Nachdruck verschaffen wollten. Den letzten 1698 schlug Zar Peter der Große nieder. Beim Köpfen legte er selbst mit Hand an.

Fünf Jahre später erhielt Kew Gardens, der königliche botanische Garten in London, ein Exemplar einer prachtvollen Pflanze aus Südafrika und gab ihr den Namen *Strelitzia*. Dieser bezog sich allerdings nicht auf die Moskauer, sondern Mecklenburger Schützen, die in slawischen Zeiten in Strelitz an der heutigen B 96 zwischen Berlin und Stralsund siedelten. Stralsund (bitte Straaaalsund auf der ersten Silbe betonen) hatte auch mit Pfeilen und Speeren zu tun, denn die Stadt liegt am pfeilförmigen Strelasund.

Während die stolze Hansestadt Stralsund unter schwedische, dänische und preußische Fremdherrschaft geriet, wurde das kleine Strelitz zum Zentrum des zweiten Mecklenburger Herzogtums neben der Schweriner Herrschaft. Die Ambitionen auf Höheres verwirklichten diese Herzöge mit einer feudalen Residenz Neustrelitz und einer geschickten Heiratspolitik, der wir nicht zuletzt weitere Mecklenburgs in Nordamerika verdanken.

Das erfolgreichste Arrangement gelang mit Prinzessin Sophie Charlotte. Die 17-jährige ging am 8. September 1761 in London von Bord, wurde dem britischen Thronfolger vorgestellt und am selben Abend mit ihm vermählt. Keine zwei Wochen später wurden sie gekrönt. Neben ihren 15 Kindern bekam die Strelitzerin mit der Vormundschaft über ihren geisteskranken Gatten Georg III. die Herrschaft über das aufstrebende britische Weltreich. Ihr zu Ehren bekam die Blume aus Südafrika mit dem imposanten Reiherkopf den Namen *Strelitzia Reginae* (-der Königin). Tatsächlich kommt die Blüte den Landesfarben Blau-Gelb-Rot von Mecklenburg-Strelitz nahe und Pfeile finden sich in der Blüte auch.

Im damaligen Britisch-Nordamerika wurden sieben Städte und Gemeinden nach Sophie Charlotte benannt, 1762 wurde Charlotte, die Hauptstadt von Mecklenburg County in North Carolina, gegründet – nicht zu verwechseln mit der gleichfalls nach der Königin benannten warmen oder auch kalten Charlotte als üppiger Süßspeise. Charlottesville in Virginia ist die Hauptstadt eines weiteren Mecklenburg County. An der berühmten University of Virginia in Charlottesville studieren heute mehr Menschen als in Neustrelitz wohnen.

Als Sophie Charlotte 1818 im botanischen Kew Palace starb, hatte die amerikanische Revolution der britischen Kolonialherrschaft ein Ende bereitet. Aber die nicht weniger starke 1819 geborene Enkelin der Mecklenburgerin sollte als Queen Victoria über ein noch viel größeres Weltreich verfügen und sich zur Kaiserin Indiens krönen lassen.

In London erinnern heute noch der Mecklenburgh Square und das Mecklenburg House (jetzt Sitz der Deutsch-Britischen Industrie- und Handelskammer) an die glanzvolle Verbindung zwischen Mecklenburg und Britannien.

Seit Netflix 2023 eine Serie über „Queen Charlotte" auf den Markt gebracht hat, wächst das Interesse an Mecklenburg-Strelitz, auch wenn die farbige Netflix-Queen die Historie mit zeitgeistiger Fantasie strapaziert.

In Neustrelitz dagegen residiert – von der Stadtvertretung gewählt – seit 2011 Ronny Wiebelitz (ehemalige Miss Mecklenburg) als einzige Strelitzienkönigin Deutschlands.

Troja

- *Mythischer Ort in Homers Vers-Epos „Ilias"*
- *Realer Ort in Mecklenburg (Postleitzahl 17248)*
- *Vermuteter Ausgrabungsort in der Türkei auf dem Hisarlik-Hügel*

T roja ist der Schauplatz der ältesten bekannten Verserzählung des Abendlandes, der „Ilias" von Homer aus dem 8. Jahrhundert vor Christus. Ilias heißt sie nach dem altgriechischen Namen *Ilion* für Troja. Die Ilias spielt im zehnten Jahr des trojanischen Krieges, der sich um die schöne Helena dreht. Die war mit Spartas König Menelaos verheiratet und mit dem trojanischen Königssohn Paris durchgebrannt.

Die griechischen Helden haben sich – widerstrebend – zusammengetan, um die schöne Helena zurückzuholen. Es entsteht ein jahrelanges Gemetzel zwischen den griechischen Angreifern und den Verteidigern Trojas. Am Schluss wird Troja mit Hilfe des trojanischen Pferds erobert: Die Griechen bauen vor Trojas Mauern ein riesiges Holzpferd und verbreiten das Gerücht, der Besitz dieses Pferdes mache unbesiegbar. Zum Schein ziehen sie sich von der belagerten Stadt zurück. Die Trojaner fallen prompt auf die List herein und bugsieren das Monstrum in ihre Festung. Nachts klettern die griechischen Kämpfer aus dem Bauch des Kult-Fakes, öffnen die Tore und Troja wird niedergemacht.

Von der hindernisreichen Rückkehr des siegreichen Odysseus erzählt Homer in seinem zweiten Werk, der Odyssee.

Die Frau, die für den ganzen Schlamassel verantwortlich ist, geht als einzige unbeschadet daraus hervor. Ihr Ex, Menelaos, verzeiht ihr und sie herrschen noch glücklich viele Jahre über Sparta.

Was hier nur angedeutet werden kann, ist ein Riesenschinken von göttlichen Verschwörungen, vergeblichen guten Ratschlägen, Ehre und Eitelkeit, Eifersucht und Rausch, Gewalt und Sex. Daraus wurde zu allen Zeiten das Passende herausgesucht: Die Römer zum Beispiel führten ihre Ursprünge auf den trojanischen Prinzen Aeneas als Vorfahr der wolfsgesäugten Kinder Romulus und Remus zurück. Heutzutage hat unsere Bundesregierung nach dem Vorbild des trojanischen Pferds den so genannten Bundestrojaner zum Zweck der Ausspionierung geschaffen, ihm gewähren wir unfreiwillig Einlass in unsere privaten Computer.

Ein trojanisches Pferd aus Holz steht heute in Ankershagen in Mecklenburg und das hat mit der Faszination zu tun, welche die blutrünstige Tragödie auf zwei junge Mecklenburger einst ausübte. Es war der 1751 geborene Johann Heinrich Voss, der als erster die Ilias aus dem Griechischen in die Versform deutscher Hexameter übertrug und 1793 das Gesamtwerk Homers auf Deutsch veröffentlichte. Zu seinen Lesern zählte ein anderer Mecklenburger, der 1822 in Neubukow geborene Heinrich Schliemann, der schon als Kind von Troja träumte. Wegen prekärer Lebensverhältnisse musste er sich zunächst mit dem Verkauf von Heringen und Petroleum in einem Kramladen abgeben. Auf der Suche nach dem besseren Leben in Venezuela strandete er schiffbrüchig in Amsterdam. Dort begann eine Kaufmannskarriere, die ihn schließlich nach Sankt Petersburg führte, wo er reich wurde.

Mit 41 Jahren hatte er ökonomisch ausgesorgt und wandte sich Weltreisen, Wissenschaft und Troja zu. Seit den 1870er Jahren grub er Troja auf dem Hisarlik-Hügel im Nordwesten der Türkei aus und fand den „Schatz des Priamos". Mit der von ihm entwickelten Spatenarchäologie wurde Schliemann weltberühmt, in der angelsächsischen Welt allerdings mehr respektiert als in Deutschland mit seinem Standesdünkel. Seine Funde wollte der Schweriner Großherzog nicht haben, so schenkte der nicht unter mangelndem Selbstbewusstsein leidende Aufsteiger sie dem deutschen Volk. Kaiser Wilhelm I. nahm die 4.600 Objekte 1881 dankend an und ließ sie in Berlin ausstellen.

Es ist wohl nie untersucht worden, welche Rolle in diesem ganzen Zusammenhang das Dörfchen Troja in der Gemeinde Lärz – bekannt durch das Fusion-Festival – spielt. Fakt ist, dass Johann Heinrich Voss keine 50 km von Troja entfernt in Sommerstorf geboren wurde und seine erste Berufserfahrung in Ankershagen, einen Tagesmarsch von Troja entfernt, als Hauslehrer der Familie von Oertzen machte. Heinrich Schliemann wiederum verbrachte Kindheit und Jugend im selbigen Ankershagen, wo heute ein Museum – mit dem Holzpferd – an ihn erinnert. Und Troja wurde nicht etwa in Erinnerung an die Troja-Begeisterten so genannt, sondern existierte schon vorher. Der Name wird abgeleitet vom slawischen *troi* (Pluralform für drei), gängig im Begriff der Troika.

Anders als der Zeitgeist vermutet, ist die Stärke von Wissenschaft nicht die Generierung von Fakten, sondern von Zweifeln, aus denen schließlich Erkenntnis entspringt. So gibt es in der akademischen Welt Zweifel, ob Homer überhaupt und gegebenenfalls wann und wo lebte, ob es Troja und den trojanischen Krieg gab, ob das, was Schliemann ausgegraben hat, etwas mit Troja und der Schatz des Priamos etwas mit Priamos zu tun hat und ob Schliemann ein ernstzunehmender Gelehrter war.

Aber bis heute gibt es nur ein Troja, dessen Existenz unumstritten ist und das liegt in Mecklenburg. Ob das auch das Troja Homers war, wurde nie seriös untersucht. Ein Desiderat der Forschung! Immerhin war die Ostsee schon zu Homers Zeiten ein Sehnsuchtsort der Griechen, denn von dort bezogen sie den begehrten Bernstein, den sie Elektron, also glänzend, hell und strahlend, nannten. Durch Reibung dieses Elektron konnten sie eine elektrostatische Aufladung erzeugen. Daraus wurde unsere Elektrizität. So schließt sich auch der Kreis zur Energiewende und Verspargelung Mecklenburg-Vorpommerns mit Windrädern.

Selbst Grabungen vorzunehmen – seien Sie nun wissenschaftlich oder zu bloßer Schatzsuche – ist in Mecklenburg-Vorpommern genau wie in der Türkei ohne behördliche Genehmigung verboten. Aber eine gut bewertete Ferienwohnung ist in 17248 Troja per Internet zu buchen.

Unendlichkeit, die

Eigenschaft von Objekten und Begriffen, die keine räumlichen und/oder zeitlichen Grenzen haben

MV

Menschen am Meer schwärmen von der Unendlichkeit. „Nach dem Sternenhimmel ist das Größte und Schönste, was Gott erschaffen hat, das Meer," meinte der österreichische Dichter und Maler Adalbert Stifter.

Die Werbelyrik der Ostsee macht sich das zu Nutze. Von unendlichen Weiten mit unendlich langen Sandstränden und dem unendlichen Blau der Ostsee ist die Rede. Wo „unendlich leer" die Ostsee sei, wenn das Land am Horizont zum schmalen Strich wird, dann möge man entschleunigen und den Blick auf die unendliche Weite des Meeres schweifen lassen. Endloser Horizont – unendliche Ostsee.

Das Bild dazu hat auch hier der Greifswalder Romantiker Caspar David Friedrich gemalt. Es ist berühmt geworden unter dem Titel „Der Mönch am Meer", auch wenn die abgebildete Person vermutlich kein Mönch sein soll. Die Unendlichkeit komponiert der Maler aus gerade mal vier Elementen: Mönch, Strand, Meer und Himmel. Eine radikale Leere ohne perspektivische Tiefe mit fließenden Farbübergängen. Für Touristenwerbung wäre das Gemälde mit seiner düsteren Stimmung allerdings unbrauchbar.

Die Vorstellung der Unendlichkeit entsteht mit dem Horizont – der Linie, an der sich Meer und Himmel zu berühren scheinen. Was so weit entfernt wirkt, ist für einen Menschen am Strand mit 1,80 m Körpergröße tatsächlich bei gerade einmal 5 km doch relativ nah. Kleinere Menschen können noch weniger weit schauen.

Die Täuschung hat der unendliche Horizont mit der unendlichen Liebe gemein. Die wird deshalb gern mit einer liegenden Acht symbolisiert, dem mathematischen Zeichen für Unendlichkeit. Auf der Erde bleibt das Unendliche tatsächlich abstrakt wie in einer endlosen Zahlenreihe. Für Theologen ist Gott die Verkörperung der Unendlichkeit – aber der wohnt bekanntlich nicht auf Erden. Nicht einmal die Lebensdauer der Erde ist unendlich. Nach Berechnung der Astronomen haben wir allerdings noch fünf bis sieben Milliarden Jahre Zeit.

Unendlich ist nicht die Ostsee, sondern der Weltraum. Aber an der Ostsee begann der Aufbruch des Menschen in die Unendlichkeit des Alls. Ein Kapitel, mit dem sich die Verantwortlichen des Landes schwertun.

Von dem berühmten französischen Schriftsteller und Piloten Antoine de Saint-Exupéry ist der Satz überliefert: „Wenn du ein Schiff bauen willst, fange nicht an Holz zu sammeln, Planken zu sägen und Arbeit zu verteilen, sondern erwecke im Busen der Männer die Sehnsucht nach dem großen, weiten Meer."

Die Sehnsucht nach dem Weltraum verdanken wir einem anderen Franzosen: Jules Vernes. Er hatte 1865 und 1870 zwei Science-Fiction Romane unter dem Titel „Von der Erde zum Mond" und „Reise um den Mond" veröffentlicht. Sie handeln von den Raumfahrtprojekten eines amerikanischen Kanonenclubs, der mithilfe einer riesigen Kanone ein bemanntes Projektil von Florida aus zum Mond schießen will. All die Hoffnungen und Widrigkeiten werden mit dem damals bekannten Wissen über den Mond und den Weltraum ausgestaltet. Dabei entstehen überraschende Parallelen zur späteren realen Raumfahrt, aber auch viele Irrtümer etwa über die nötige Schubkraft, um die Erdatmosphäre zu überwinden.

Diese internationalen Bestseller weckten die Sehnsucht nach der Reise ins All. Für einige begann eine Art „Jugend forscht". Berühmtheit erlangte Hermann Oberth aus dem siebenbürgischen Hermannstadt. Bereits mit 15 Jahren machte der Arztsohn die ersten raumfahrtmedizinischen Versuche der Welt zum Druck beim Raketenstart. Seine Heidelberger Dissertation „Die Rakete zu den Planetenräumen" wurde 1922 abgelehnt, weil es keine Gutachter dafür gab. 1929 veröffentlichte er das für Wissenschaft und Technik epochemachende Werk „Wege zur Raumfahrt". Genau in dieser Zeit hatte er einen Schülerpraktikanten, der auch von Jules Verne besessen war. Er hieß Wernher von Braun und trat 1928 als Gymnasiast mit 16 Jahren dem Verein für Raumschifffahrt bei. Raumfahrt und Raketen bestimmten fortan sein Leben. Schon mit dem Vordiplom in Maschinenbau arbeitete er 20-jährig für das Raketenprogramm des deutschen Heeres – noch in der Weimarer Republik. Im Alter von 22 Jahren wurde er mit Erörterungen zur Flüssigkeitsrakete promoviert. Im selben Jahr startete von der Nordseeinsel Borkum seine erste Rakete, die 2.200 m Höhe erreichte.

Das war auch der Start in eine Umlaufbahn der Karriere: Mit nur 25 Jahren wurde Wernher von Braun technischer Direktor einer neuen Heeresversuchsanstalt. Als Standort hatte man Peenemünde auf der Insel Usedom ausgesucht.

Hier in Mecklenburg und Vorpommern hatten sich viele seiner Vorfahren mütterlicherseits seit dem 16. Jahrhundert mit Fragen von Himmel und Unendlichkeit beschäftigt – wenn auch als Theologen. Seine Mutter war eine geborene Quistorp, eine der herausragenden Gelehrtenfamilien in Rostock und Greifswald, die allein 33-mal die Rektoren der dortigen Universitäten stellten. Crenzow (heute Krenzow mit der Postleitzahl 17390), wo seine Mutter Emmy geboren wurde und seine spätere

Frau Maria von Quistorp herstammte, war Sitz eines jüngeren Gutsbesitzerzweigs der Familie.

Dieser heimatliche Ort war gerade einmal 10 km Luftlinie von der Insel Usedom entfernt. Das Gutshaus steht übrigens noch, wurde allerdings im Stile eines schlichten Wohnblocks zu Grunde restauriert.

Von Usedom aus in die Unendlichkeit vorzudringen, war ein faustisches Projekt. Es konnte nur im Bündnis mit dem Teufel gelingen. Hier wurde das Böse von Hitler und der SS vertreten, der Wernher von Braun seit spätestens 1937 angehörte. Die NS-Führung gab dem genialischen jungen Mann die Ressourcen, die er brauchte.

Um Peenemünde – ein Fischerdörfchen im Nordwesten der Insel – kaufte die Wehrmacht ab 1936 die gesamte Spitze Usedoms auf. Riesige Industrieareale für die Raketenentwicklung und -produktion entstanden. Bei Kriegsbeginn 1939 arbeiteten hier etwa 10.000 Menschen, hauptsächlich Deutsche. Dann kamen Kriegsgefangene und „Fremdarbeiter" aus besetzten Gebieten hinzu. Die beiden KZs Karlshagen auf Usedom stellten außerdem circa 1.800 Häftlinge für das Peenemünder Projekt.

Dabei ging es zunächst um das Aggregat 4, eine Rakete, die später unter dem Namen V2 mit ihren Angriffen auf London und Westeuropa berüchtigt wurde. Als Testraum diente die Ostsee. Viel Platz braucht man tatsächlich für die Starts. 1942 erreichte man bereits eine Gipfelhöhe von 84 km. 1944 gelang hier schließlich erstmals in der Menschheitsgeschichte ein Vordringen in den Weltraum mit mehr als 174 km Höhe.

Die Massenproduktion der V2 fand woanders, zum Schutz vor Luftangriffen meist unterirdisch statt. Traurige Berühmtheit erlangte vor allem das gewaltige menschenfressende KZ Mittelbau-Dora im Harz. Bei der Produktion der V2 kamen mehr Menschen ums Leben als beim Einsatz.

Propagandistisch war die V2 als Terrorwaffe wirkungsvoll, militärisch war sie Ressourcenverschwendung. Im zynischen Opfer-Vergleich forderten diese Vergeltungsraketen ungefähr 8.000 Tote gegenüber mehr als 600.000 zivilen Todesopfern von anglo-amerikanischen Luftangriffen auf Deutschland.

Als am 10. März 1945 Peenemünde von den Sowjets eingenommen wurde, hatten sich die 400 wichtigsten Spezialisten mit Plänen und Geräten schon Richtung Thüringen abgesetzt, um sich den Amerikanern zu ergeben – zusammen mit 100 einsatzfähigen Raketen. Wernher von Braun wurde mit einer Hundertschaft von Peenemünder Führungskräften und Experten nach Fort Bliss in Texas gebracht, wo sie weiter an der militärischen Nutzung des Aggregats 4 arbeiteten – jetzt für die Sieger.

Die Sowjets konnten nur weniger Peenemünder habhaft werden, darunter von Brauns Assistent Helmut Gröttrup, der auf Mess- und Steuerungstechnik spezialisiert war. Die Sowjets machten ihn zum Generaldirektor eines Instituts in Nordhausen. Dort verfügte er 1946 über rund 4.000 Mitarbeiter, um das an die USA verlorene Raketen-Know-how zu rekonstruieren und das Aggregat 4 wieder zu produzieren. Von 1946 bis 1953 Uhr setzte ein deutsches Team unter Gröttrups Leitung diese Arbeit in der Sowjetunion fort.

Obwohl die Sowjets die schlechteren Ausgangsbedingungen hatten, waren sie die ersten, die Jules Vernes Vision im Ansatz realisierten. Im Oktober 1957 starteten sie den Sputnik in der kasachischen Steppe als ersten künstlichen Erdsatelliten. Einen Monat später folgte ein zweiter Sputnik mit der Hündin Laika an Bord – ein Trip ohne Rückkehr. Diese Erfahrungen machten 1961 den ersten bemannten Raumflug mit dem Kosmonauten Juri Gagarin zum Erfolg.

In der westlichen Welt kam das als Sputnik-Schock an – auch weil die sowjetischen Interkontinentalraketen offenbar den amerikanischen überlegen waren. Diese sowjetischen Erfolge waren ein Treibsatz für von Brauns US-Karriere. Präsident Kennedy kündigte einen amerikanischen Mondflug an und machte von Braun zum Chef des dafür zuständigen Marshall Space Flight Center mit zeitweise über 400.000 Mitarbeitern. Aus Peenemünde wurde Cape Kennedy in Florida. Mit der bemannten Mondlandung 1969 erfüllten sich von Brauns Jugendträume.

Ist Peenemünde deshalb „die Wiege der Raumfahrt"? Bei Wiege denken wir an niedliche Babys und aufopfernde Fürsorge. In Peenemünde dagegen herrschte ein strenges Zwangsregime, das auf Menschen keine Rücksicht nahm. Der Pakt mit dem Teufel. In welchem Verhältnis standen dabei edle Motive und opportunistische Anpassung an Macht- und Zeitverhältnisse? Das bleibt genauso spekulativ wie die Frage, ob die Bezwinger der Weltmeere seit Columbus missionarischer Sendung oder monetärer Gier folgten. Es gilt immer beides, wie es gerade passt.

Die Raketen sind ohne Nazis technisch perfektioniert worden. Sind Sie auch moralisch besser geworden? Heute können Sie atombestückt die Menschheit ausrotten. Wenige Überlebende könnten dann per Rakete zu einem anderen Planeten auswandern, um eine neue Zivilisation zu begründen. Für Wernher von Braun war das tatsächlich eine Option.

Am Beispiel Peenemünde können wir über Träume und Elend des technischen Fortschritts ins Grübeln kommen. Vielleicht bei einer Wanderung an den unendlichen Stränden Usedoms mit Blick auf unendlich blaue Weiten der Ostsee.

Vagel Bülow, der

Plattdeutsch für Loriot

S eine „Lockstimme ist ein helles ‚Jäck, jäck' oder ein rauhes ‚Kräk',
der Angstschrei ein häßlich schnarrendes ‚Querr' oder ‚Chrr', der
Ton der Zärtlichkeit ein sanftes ‚Bülow'."[20] Das schreibt der zoologische
Altmeister Alfred Brehm über den Vagel Bülow. So erklärt sich auch der
Name des Zugvogels. Erblickt man den amselgroßen Vogel mit seiner
sattgelben Brust- und Halspartie im Kontrast mit den schwarzen
Flügeln, liegt der Verdacht auf einen Flüchtling aus der Zoohandlung,
Abteilung Kanarienvögel, nahe. Seinen Hauptwohnsitz hat er tatsächlich
in Afrika und auf Madagaskar, aber für die kurze Zeit von Mitte Mai bis
August kommt der Zugvogel zu uns nach Mecklenburg. Hier frisst er
Raupen und Kerbtiere, Kirschen, Würmer und Beeren. Sein Wesen wird
als mutig und zänkisch beschrieben. Sangesfreudig und unstetig hält er
Gefangenschaft selten aus. Eigenschaften, die, jedenfalls teilweise, auch
einen mecklenburgischen Ritter zieren mochten.

Bülow ist in Mecklenburg überall anzutreffen und das hat mit den
Vorfahren jenes Humoristen zu tun, der als Sohn eines Brandenburger
Polizeioffiziers 1923 auf den Namen Bernhard Victor Christoph-Carl von
Bülow getauft wurde. Berühmt wurde er mit dem französischen Namen
Loriot, der nichts anderes bedeutet als Pirol, wie der Vagel Bülow auf
hochdeutsch heißt. Auch wenn sich Loriot gern preußisch gab: Wo
immer man auf den Namen von Bülow stößt, ist der Hinweis auf den
„mecklenburgischen Uradel" nicht weit.

Anspielungen auf seine Herkunft hat Loriot stets sparsam dosiert. Dazu
gehört z.B. seine „Damenrede beim Bülowschen Familientag" 1974:

„nun ich fürchte, schon unser Stammvater Gottfried wusste insgeheim, dass gerade im Verbot, in der moralischen Behinderung durch weibliche Vernunft, die stärksten Reizmomente liegen."[21] Dieser *Godofridus de Bulowe* tritt mit einer urkundlichen Ersterwähnung 1229 auf die Bühne der Geschichte.

Schon die familiären Anfänge scheinen nicht frei von Schauspielerei. Jedenfalls ist bis heute ungeklärt, ob sich die Bülows als slawische Unterworfene mit christlichen Vornamen den neuen Herren aus dem Westen andienten oder als deutsche Eroberer mit dem slawischen Bülow tarnten.

Byl bedeutet im Slawischen Kraut, Strauch oder Pflanze, während die Endung *-ov* einen Ort bezeichnet. Es geht also um die Familie von Buschheim. Solche strauchigen Orte gibt es mehrere in Mecklenburg: Bülow acht Kilometer nördlich von Crivitz sowie am Nordufer des Malchiner Sees und auch als Bülower Burg westlich von Güstrow. Der Bülow-Stammsitz befand sich dagegen im Dorf Bülow westlich von Rehna.

Wie wohl sich der Pirol dort fühlte und ob er dort sein zärtliches Bülow sang, man weiß es nicht. Die Ritter wählten ihn zu ihrem Wappentier. Es bekrönt einen blauen Schild mit vierzehn Kugeln und einem Ritterhelm zwischen zwei Büffelhörnern. Nun gut, aber was hat Loriot mit Rittern, Fehden, Turnieren, mit Gutsherren, Offizieren und Ministerialen zu tun? Ist da jemand aus der Art geschlagen?

In Wirklichkeit hat sich Mecklenburg mit dem Bülow-Adel einen nie richtig gewürdigten Ruf in der Unterhaltungskultur verdient. Angefangen haben sie in der ernsten Sparte, der Kirche. Innerhalb von weniger als einem Jahrhundert zwischen 1291 und 1375 performten vier Bülows als Schweriner Bischöfe. Neben den zeremoniellen Leistungen glänzten sie durch Finanzgeschick. Sie verteilten Gelder und Privilegien der Kirche an ihre Familie, die schließlich zu den Hauptgläubigern nicht nur des Bistums wurde. Auch die mecklenburgischen Fürsten verpfändeten z.B. Plau und Dömitz an die Bülows. So kamen sie zu außerordentlichem Reichtum. Ein Gefühl dafür gibt die Website Gutshaeuser.de. Sie listet über 100 Herrenhäuser in Mecklenburg-Vorpommern auf, die sich über kürzere oder längere Zeit im Besitz der Bülows befunden haben.

Mit der Reformation im 16. Jahrhundert wurden Kirchenämter unattraktiv. Bülow-Söhne, die kein großes Erbe antreten konnten, gingen nun in fremde Dienste beim preußischen oder dänischen König, in Hannover, Braunschweig oder Lüneburg. Als mit Aufklärung und Französischer Revolution auch diese alte Welt ins Wanken geriet, passten sich nicht wenige Bülows an.

Einen frühen Versuch unternahm Adam Heinrich Dietrich von Bülow. Als Sechzehnjähriger in die preußische Armee eingetreten, kehrte er ihr mit 29 Jahren den Rücken. Nun versuchte er sich als Leiter einer Schauspieltruppe, bereiste die jungen USA, England sowie Frankreich und brillierte nicht nur mit Militärbüchern, sondern auch Theater-Beiträgen. Auf ihn gehen Kategorien wie „Strategie und Taktik" zurück, die wenig später durch Clausewitz berühmt wurden. Fontane hat ihm in dem Buch „Schach von Wuthenow" ein Denkmal gesetzt. Dort steht über den Stabskapitän, der nach „abenteuerlichem Leben in England und den Unionsstaaten" in die Heimat zurückgekehrt ist: „Sein Name war von Bülow. Nonchalance gehörte mit zur Genialität, und so focht er denn, beide Füße weit vorgestreckt und die linke Hand in der Hosentasche, mit seiner Rechten in der Luft umher, um durch lebhafte Gestikulationen seinem Kathetervortrage Nachdruck zu geben. Er konnte, wie seine Freunde sagten, nur sprechen, um Vortrag zu halten, und – er sprach eigentlich immer."[22]

Dass die Bülows zwar über den Mecklenburger Dickkopf, aber weniger die angeblich landestypische kommunikative Zurückhaltung verfügten, bestätigte auch der berühmte preußische Militärreformer von Scharnhorst. Anlässlich von Klagen über den älteren Bruder des verhinderten Schauspieldirektors schrieb er 1808: „Alle Bülows sind eigen, für ihre Meinung eingenommen und nicht sehr verträglich"[23]. Das klang 1944 in der dienstlichen Beurteilung eines Leutnants, der später als Loriot bekannt wurde, ganz ähnlich: „Er ist leicht überheblich, übt gern Kritik, auch an Vorgesetzten. Dabei ist das Gefühl für Takt bei ihm noch nicht ausgeprägt." Allerdings: „Bestimmend für sein Wesen ist seine ausgesprochene mimische und darstellerische Begabung." Er sei „ein hervorragender Unterhalter".[24]

Nicht genügend taktvolle Kritik an der russischen Generalität im Kampf gegen Napoleon wurde dem schauspielernden Vetter Adam 1807 zum Verhängnis. Er starb in der Gefangenschaft des Zaren.

Seinem älteren Bruder Friedrich Wilhelm war dagegen das Kriegsglück hold. 1813 besiegte er mit seinen Truppen Napoleons Armee in mehreren Schlachten, vor allem bei Dennewitz und schließlich 1815 zusammen mit dem Mecklenburger Feldmarschall Fürst Blücher bei Waterloo in Flandern. Mit Orden überhäuft und zum Grafen von Dennewitz erhoben, starb er 1816.

Aber schon 1822 konnte er aus der Hand des berühmten Bildhauers Christian Daniel Rauch wieder auferstehen. In weißem Marmor posiert er seitdem in Berlin Unter den Linden an der Neuen Wache des Königlichen Palais – mit kriegs- und sozialismusbedingter Unterbrechung. Dort musste er 1906 ohnmächtig die größte Eulenspiegelei des Wilhelminischen Militärstaats mitansehen: Der aus dem mecklenburgischen Wismar ausgewiesene Schuster Wilhelm Vogt hatte als Hauptmann verkleidet in Köpenick zehn Gardesoldaten, sogenannte (▸) Maikäfer, unter seinen Befehl genommen, das Rathaus besetzt und die Stadtkasse für den Eigenbedarf konfisziert. Den Bürgermeister und seinen Rendanten ließ er durch einen Gardefüsilier und einen Schutzmann per Droschke zwecks Arretierung zur Neuen Wache nach Berlin bringen.

Die Tochter dieses Marmorgrafen wurde die zweite Frau eines Vetters namens Karl Eduard von Bülow. Der gab 1837 eine Neubearbeitung von Grimmelshausens „Simplizissimus" heraus. So machte er den sogenannten Schelmenroman aus dem Dreißigjährigen Krieg und zugleich die erste deutsche Robinsonade für die Neuzeit bekannt. Dieser Bülow wurde zu einem der Begründer der Germanistik.

Sein Sohn Hans von Bülow avancierte zum ersten Stardirigenten der Musikgeschichte. Mit den musikalischen Titanen des 19. Jahrhundert war er in vertrautem Kontakt. Dabei ergab sich auch eine Heirat mit Franz Liszts Tochter Cosima, die ihm aber sein Freund Richard Wagner ausspannte. Als Dirigent der Berliner Philharmonie untersagte er, während der Konzerte zu rauchen, zu reden, zu trinken oder zu essen. Ein kulturhistorischer Einschnitt.

Ganz ohne Adelsdünkel komponierte er für Ferdinand Lasalle die erste Melodie zum Bundeslied des Allgemeinen Deutschen Arbeitervereins: „Bet' und arbeit' ruft die Welt, bete kurz! denn Zeit ist Geld". Auf seiner Visitenkarte nannte er sich „Hofkapellmeister und Hauspianist Seiner Majestät des deutschen Volkes"[25] – in Kaisers Reich eine subtile Majestätsbeleidigung.

Mit der goldenen Hans-von-Bülow-Medaille hat die Berliner Philharmonie seine Nachfolger geehrt, zum Beispiel Karajan, Menuhin und Barenboim – 1993 auch Loriot. Passend zum 100. Geburtstag der Philharmonie 1982 hatte Loriot einen Auftritt im ausverkauften Haus als Heimdirigent mit Plattenspieler vor dem Spiegel.

Trivialliteratur und Offizierskarriere erfolgreich zu verknüpfen, schaffte der 1855 auf dem Bülow-Gut Kaarz bei Sternberg geborene Burkhard Heinrich Friedrich Adolf Otto von Bülow. Der sächsische Leibgrenadier betätigte sich zugleich als Militärhumorist. In seinen 37 Lebensjahren brachte er es zu ebenso vielen Veröffentlichungen, zum Beispiel vier Bände „Aus dem Militärleben", „Offiziersdamen" oder „Backfischchens Garnison-Freuden und Leiden". Wer sich diese vielversprechenden Titel zu Gemüte führen möchte, muss unter Bülows Pseudonym Alexander von Degen suchen.

Noch größere Spuren im Blätterwald hat ein zeitgenössischer Vetter hinterlassen. Ob Bernhard von Bülow, ab 1900 dritter Reichskanzler nach Bismarck, politisch Großes geleistet hat, kann hier offenbleiben. Fest steht, dass er für weltweiten Klatsch sorgte. Schuld war die Lieben-berger Tafelrunde seines Förderers Fürst Eulenburg, ein Intimus von Wilhelm II. Der Kaiser lief in dem Kreis unter dem Spitznamen „Lieb-chen", während der aus Mecklenburger Adel stammende Berliner Stadt-kommandant Kuno von Moltke hier als „der Süße" figurierte.

Es war der Journalist Maximilian Harden, der zeitgleich zur Köpenickiade dieser soften homoerotischen Seite des Wilhelminismus eine Kampagne widmete. Auch der Reichskanzler musste sich im Prozess gegen den Vorwurf wehren, bei Eulenburg seinen Privatsekretär geküsst zu haben. Glimpflich ging es für Bülow nur aus, weil Eulenburg unter Eid jede Homo-sexualität abstritt. Wie wenig Wert dieser Eid war, zeigten bald die Aus-sagen eines Milchhändlers und eines Fischers vom Starnberger See über Schmutzeleien mit der grauen Eminenz des Kaisers. Die Arena bebte, Orden wurden entzogen, Rücktritte erzwungen, Exil angetreten. Bülow machte der Kampagne 1909 durch einen Geheimdeal mit Harden ein Ende, nahm seinen Hut und ließ sich in (▸) Rom – nicht Mecklenburg (▸ Rom), sondern Italien – nieder.

Wenn der Name Bülow in Berlin heute mit Sex assoziiert wird, liegt das allerdings nicht an diesem Skandal. Der Bülowkiez an der Bülowstraße – dem Helden von Dennewitz und Waterloo gewidmet – steht seit 100 Jahren für das angeblich älteste Gewerbe der Welt.

Ob am Bülowkiez auch die Büchlein von Trixi von Bülow zu erwerben sind? Vielleicht sind ihre Titel wie „Der kleine Männererkenner" oder „Wie man einen Mann restlos um den Verstand bringt – Die ultimative Liste für jede Handtasche" für den Bülowkiez schon zu bieder. Bei Trixi handelt es sich auch um keinen Vogel Bülow, sondern einen Kuckuck, der seine Bücher ins Bülowsche Publikationsnest geschmuggelt hat. Hinter Trixi verbirgt sich die Düsseldorfer Verlegerin Daniela Thiele.

Eine echte Gertrud von Bülow hat dagegen unter dem Pseudonym Gisela von Streitberg Frauengeschichte geschrieben. Die Enkelin des Waterloo-Helden war 1888 Mitgründerin des Frauenvereins Reform, der sich für unbegrenzten Hochschulzugang von Frauen einsetzte. Als erste deutsche Frau kämpfte sie 1904 mit ihrer Schrift „Das Recht zur Beseitigung keimenden Lebens" gegen den Paragrafen 218 und für die Entkriminalisierung der Abtreibung. Ihr vierbändiges Werk „Das Weib am Ende des Jahrhunderts" von 1891 hat bis heute als ein Standardwerk der Frauenbewegung unzählige Auflagen erlebt.

„Wo ist der Kampf, ich will ihn wagen"[26], lautete der Leitspruch der ersten deutschen Autorin von Kolonialromanen. Frieda von Bülow, in der Türkei aufgewachsen, frühzeitig nach Ostafrika gegangen, unglücklich in den Kolonialsadisten Carl Peters verliebt und als Plantagenbesitzerin gescheitert, steht für eine heute irritierende Mischung aus Rassismus und Feminismus – aber auch eine humorvoll satirische Auseinandersetzung mit den Widersprüchen in der adeligen Lebenswelt.

Frieda findet sich heute noch, mehr als ein Jahrhundert nach ihrem Tod, mit zahlreichen lieferbaren Büchern in den Verlagskatalogen. Dazu gehören „Tropenkoller", „Reisescizzen", „Im Hexenring" oder „Die Tochter".

Unter den Lebenden im Zeichen des Vogels Bülow halten z. B. Loriots Tochter, die Filmproduzentin Susanne, der Schauspieler Johann, der Regisseur Jürgen, der dänische Jazz-Gitarrist Fritz und die Saxophonistin Christina den Familiennamen in Kunst und Unterhaltung präsent.

Die Bülowsche Neigung, sich mit Kritik unbeliebt zu machen, setzt Andreas von Bülow fort. Nach einer langen Karriere als Bonner Staatssekretär für Verteidigung, Forschungsminister im Kabinett Schmidt und einem Vierteljahrhundert als SPD-Bundestagsabgeordneter führt der alte Herr heute einen Kampf gegen die allgegenwärtige Macht des CIA. Als früheres Mitglied der Parlamentarischen Kontrollkommission, also des Geheimdienstausschusses des Bundestages, und des Schalck-Golodkowski-Untersuchungsausschusses über Stasi-Verwicklungen bringt er einige Einblicke mit.

Zugegeben, die Bülow-Welt ist nicht leicht zu überschauen. Der Nichteingeweihte ist manchmal blind für die Zusammenhänge – selbst in Mecklenburg-Vorpommern. Beispiel „Papa ante Portas". Beim Finale in Loriots zweitem großen Spielfilm treffen sich all die Akteure mit ihren verkniffenen Geschlechter- und Gesellschaftsrollen zur Geburtstagsfeier der Familienpatriarchin auf der Seebrücke von Ahlbeck. Für Loriot bei den Dreharbeiten 1990 wieder uradelige Familiengeschichte: Die drei Kaiserbäder auf Usedom haben ihren Ursprung 1825 in einem Damen- und Herren-Bad sowie einem Gesellschaftshaus – damals ein Projekt von Vetter Georg Bernhard.

Weltuntergang, der

MV

„**W**enn die Welt untergeht, so ziehe ich nach Mecklenburg, denn dort geschieht alles 50 Jahre später." So soll sich Otto von Bismarck im 19. Jahrhundert über Mecklenburg geäußert haben. Wie kein anderes hat sich dieses Zitat über den Landesteil verbreitet. Es bringt das Mecklenburg-Image auf den Punkt.

Heute, im Zeitalter der „Letzten Generation", ist mehr denn je die Frage, ob die Aussage inhaltlich stimmt. Wenn ja, wäre dies ein Alleinstellungsmerkmal, das man touristisch vermarkten könnte: „Genießen Sie schon heute den Sonnenaufgang, wo sie in Ruhe den Weltuntergang überleben können!"

Versuchen wir also, unvoreingenommen die Weltuntergangsbeständigkeit Mecklenburgs zu prüfen. Weltuntergang ist ja ein nicht sehr eindeutiger Begriff. Er reicht von der persönlichen Enttäuschung – „da ist für mich eine Welt untergegangen" – bis zur Sintflut. In der akademischen Betrachtung werden vier Bedeutungen unterschieden: der Untergang der Zivilisation, der Menschheit, des Planeten Erde und schließlich des Kosmos insgesamt. Das bringt erste Klarheit. Wenn dem Planeten Erde oder dem Kosmos insgesamt das letzte Stündlein schlägt, ist ein halbwegs angenehmer Aufenthalt in Mecklenburg schwer vorstellbar. Dagegen mag sich ein Auslöschen der Menschheit regional durchaus unterschiedlich gestalten.

Im April 1815, als Bismarck in der Altmark geboren wurde, brach auf Sumbawa im fernen Indonesien ein Vulkan, der Tambora, aus. Das lässt im ersten Moment an den Sack Reis denken, der in China umfällt – ein irrelevanter Zusammenhang. Allerdings war es laut Vulkanologen die größte Eruption der jüngsten 25.000 Jahre. Der Knall war 2.000 km weit zu hören und 500.000 km² wurden mit Asche bedeckt. Immer noch weit weg von Europa. Aber die von Vulkanologen berechneten 50 Millionen Tonnen Schwefel, die der Tambora in die Atmosphäre entließ, machten das Folgejahr 1816 zum „Jahr ohne Sommer" oder in der englischen Version „Eighteen hundred and froze to death" – zu Deutsch Achtzehnhundert-Totgefroren. Sommerfröste, fehlende Sonne und Überschwemmungen ruinierten in Nordamerika und Westeuropa, aber auch in der Schweiz und Südwestdeutschland die Ernten. Für das Vieh fehlte Futter. Hunger und Seuchen rafften viele Menschen dahin. Mecklenburg kam glimpflich davon. Zwar stiegen auch hier die Nahrungsmittelpreise, aber der Nordosten war von der Wetterverschlechterung weniger betroffen. Dieser Test wurde bestanden.

Wenn die ersten Bäuerchen des kleinen Bismarck schon von einem epochalen Vulkanausbruch im fernen Sumbawa begleitet wurden, traf seine Karriere mit einer noch viel gewaltigeren Eruption zusammen. Er waltete gerade in seinem ersten Amtsjahr als preußischer Gesandter am Zarenhof in St. Petersburg 1859 und war noch weit entfernt vom Zenit seiner Macht. Da passierte es mehr als 151 Millionen km von Mecklenburg und der Newa entfernt. Eine Serie von Sonneneruptionen Ende August/Anfang September führte zu einem Magnetsturm auf der Erde, wie er statistisch nur alle 500 Jahre zu erwarten sein soll. Der britische Astronom Richard Christopher Carrington hatte die Eruption beobachtet und nach ihm wurde das Carrington-Ereignis von 1859 benannt. Die Menschen damals konnten über Polarlichter selbst in Rom und Havanna staunen. Die Schäden hielten sich aber in Grenzen. Neben Schwindel und Kopfschmerz betrafen sie vor allem die noch junge drahtgebundene Telegrafie. Gerade waren in den 1850er Jahren die ersten kontinentweiten Kabel verlegt, um Telegramme zu übermitteln. Mit dem Morseapparat wurden Nachrichten per Morse-Alphabet in Form von Punkten und Strichen gesendet. Elektromagnetische Impulse übertrugen die Morsezeichen auf einen Papierstreifen. Das Carrington-Ereignis ließ diese Apparate Funken schlagen und zum Teil das Papier in Brand setzen.

Heute wäre das nicht nur spektakulär. Ein Carrington-Ereignis hätte das Potenzial, unsere technische Zivilisation nachhaltig zu stören. Fachleute rechnen in einem solchen Fall mit weltweitem Elektronikausfall. Die Folgen wären unabsehbar. Das Smartphone sagt ade. Die Wohnung mit elektronischem Türschloss mutiert zur Haftanstalt. Ein Black-out des Stromnetzes legt Wasserleitung, Abwassersystem, Heizung, Benzin- und Geldnachschub lahm. Am Ende könnte ein vielhundertfacher Gau der Atomkraftwerke stehen.

Sonnenstürme treten regelmäßig auf, die Schäden hängen von der Stärke ab. Der jüngste solare Supersturm hat uns 2012 nur deshalb verschont, weil sich die Eruption auf der erdabgewandten Seite der Sonne ereignet hat.

Da Mecklenburg-Vorpommern bei der Digitalisierung und Internet-Anbindung aufholt, wird es auch hier brenzliger. Bismarck hätte im Zweifel Mecklenburg noch zu Pferde erreichen können. Die Deutsche Bahn würde wohl nicht einmal die Ansage zu Stande bringen, dass der Zug ausfällt.

Als das Carrington-Ereignis stattfand, hielt gerade die Cholera Mecklenburg im Griff. Von Anfang Juli bis Anfang November 1859 forderte sie 4.237 Todesopfer. Also keine Empfehlung für Bismarcks Rettungsinsel.

Die Cholera trat im 19. Jahrhundert als Hauptseuche in Europa an die Stelle der Pest. Vor allem das Proletariat war betroffen, weil es am meisten unter dem desolaten Zustand der Stadthygiene litt. Besonders verheerend wurde die Seuche in Hamburg. Dort tötete sie von August bis November 1892 mehr als 8.600 Menschen. Und das in unmittelbarer Nachbarschaft des Reichskanzlers, der nach seiner Entlassung 1890 seinen Ruhestand im Sachsenwald zelebrierte.

Corona ist im Vergleich zur Cholera noch glimpflich verlaufen: Vom Beginn dieser jüngsten Pandemie bis zum Mai 2023 registrierte man in ganz Mecklenburg-Vorpommern 2.845 Todesfälle „an und mit Corona". Immerhin fünf Bundesländer beklagen eine höhere Todesrate. Allerdings galt für Corona zumindest zeitweise, was schon im 19. Jahrhundert bei der Cholera praktiziert wurde: Eine Einreisesperre in das Land, das gegen den Weltuntergang gefeit sein sollte.

Den Krieg als Weltuntergang hatten die Menschen noch in schrecklicher Erinnerung aus dem Dreißigjährigen Krieg 1618 bis 1648. Voller Grauen waren auch der Siebenjährige Krieg 1756-1763 und der Zug von Napoleons Grand Armee gegen Moskau, deren Fiasko auch viele zwangsrekrutierte Mecklenburger und Pommern ins Grab brachte.

Bismarck führte Krieg gegen Dänemark um Schleswig-Holstein 1864 und gegen Österreich 1866. Dieser Sieg gab Preußen die Herrschaft über das Königreich Hannover und große Teile Hessens. Das waren sogenannte Kabinettskriege mit begrenzten Kollateralschäden. 1870/71 folgte der Feldzug gegen Frankreich, den Bismarck mit siegreichem Ende zur Proklamation des Deutschen Reiches im Schloss von Versailles nutzte. Mit 190.000 Toten auf beiden Seiten war dieser schon ziemlich verheerend, aber weit entfernt von dem Inferno der Weltkriege im 20. Jahrhundert. Mecklenburg blieb von Bismarcks Kriegen verschont.

Mecklenburg war das einzige Land im Norden, das nicht unter preußische Herrschaft geriet. Das könnte einen sehr speziellen Grund haben. Bismarck war in der Praxis Realpolitiker, der sich mit einer starken Arbeiterbewegung in Preußen und dem allgemeinen gleichen Wahlrecht – zumindest für Männer – im Deutschen Reich abfinden musste. Im Herzen aber blieb er ein Anhänger alter Adelsherrlichkeit und die gab es in Reinform nur noch in Mecklenburg. Die demokratische Revolution von 1848 war hier folgenlos geblieben und das bis zum Lebensende des alten Herrn 1898. Insofern hat er, was den politischen Weltuntergang angeht, aus seiner Sicht Recht behalten. Erst die Novemberrevolution 1918 brachte die mecklenburgische Feudalwelt zu Fall.

Das wirft die Frage auf, wann Bismarck eigentlich seinen Mecklenburg-Spruch in die Welt gesetzt hat. Der Schweriner Archivar Bernd Kasten[27] ist dem nachgegangen und hat festgestellt, dass die Ursprünge des angeblichen Bismarck-Zitats erst 20 Jahre nach seinem Tod festzustellen sind. Ein Hörensagen-Gerücht in Verbindung mit politischer Prominenz, das durch pures Weitererzählen – in den Varianten 25, 50, 100 und 500 Jahre – allmählich zur Gewissheit wurde.

Der Weltuntergang wurde immer mal wieder gehypt – nicht nur negativ. Die Apokalyptischen Reiter in der Johannes-Offenbarung mit ihren Geißeln Krieg, Gewalt, Hunger und Inflation, Krankheit und Niedergang galten auch als Vorstufe des Jüngsten Gerichts und eines paradiesischen Gottesreiches.

Zu Anfang des 20. Jahrhunderts bekamen Weltuntergangsfantasien besonders durch das Erscheinen des Halley'schen Kometen 1910 Auftrieb. Den besonders hellen Schweifstern kann man alle 75 Jahre mit bloßem Auge sehen. 1910 befürchtete man einen Zusammenprall mit der Erde. Zwei Jahre zuvor hatte vermutlich ein Asteroid mit einem Einschlag an der Tunguska im fernen Sibirien Furore gemacht. Die Druckwelle des Tunguska-Ereignisses war selbst in Potsdam messbar. Der aufkommende Expressionismus griff diese Endzeitstimmung zivilisationskritisch auf. Der Erste Weltkrieg sollte allerdings alle bisherigen Horrorszenarien in den Schatten stellen.

Die Kriegsapokalypse wurde seit der Mitte des 20. Jahrhunderts zum Thema des Atomzeitalters – mit den großen Friedensbewegungen der 1980er Jahre. Die Klima-Apokalypse nahm erst Ende der 1990er Jahre allmählich Fahrt auf. Taugt Mecklenburg als Fluchtpunkt für die „Letzte Generation"?

Wir leben gerade – d.h. seit circa 12.000 Jahren – in einer Warmphase namens Holozän innerhalb der Känozoischen Eiszeit. Das Klima-Optimum in dieser Phase lag 3 Grad höher als heute – das war in der Zeit von 6.000-3.000 v. Chr. Neueste Studien stellen das allerdings infrage. Sicher ist aber, dass sich die Ostsee und die von Gletschern geprägte Landschaft Mecklenburg-Vorpommerns einer massiven Erwärmung verdanken. Seit dem Mittelalter, also in den letzten tausend Jahren, gab es bei uns immer wieder besonders kalte und besonders warme Phasen – abhängig auch von globalen Vulkanausbrüchen und vom Golfstrom.

Wärme bedeutete hier Wohlstand. Insofern könnte der prognostizierte Klimawandel für Mecklenburg-Vorpommern vorteilhaft sein. Auch die Prognosen über die Hebung des Meeresspiegels geben für die Ostsee bis zum Ende des 21. Jahrhunderts keinen Grund zur Panik. Prognosen sind allerdings keine Fakten, sondern Modellrechnungen, in die momentanes Wissen eingeht. Für Weltuntergangsprognosen gilt Wilhelm Busch: „Erstens kommt es anders und zweitens als man denkt." Selbst und gerade in Mecklenburg.

Wessi, der

Umgangssprachliche ungeschlecht-
liche Bezeichnung für Menschen, die
in der ehemaligen BRD (außer
West-Berlin) oder den westdeutschen
Bundesländern geboren oder
aufgewachsen sind. Der Wessi ist
das Gegenstück zum Ossi.

U ngeachtet der Verniedlichungsform konstruieren sich Wessi und Ossi gegenseitig als etwas in der Regel problematisches Anderes. Darauf lässt sich trefflich das Instrumentarium des aktuellen Antirassismus anwenden. In Analogie zur *Critical Whiteness* könnten Westdeutsche in *Critical Wessiness*-Kursen für ihre unbewussten Privilegien sensibilisiert werden. Ostdeutsche dagegen sollten Stolz auf ihre *Ossiness* pflegen und alle Hinweise und Hinweiser*Innen auf Ost-Defizite umgehend canceln.

Insbesondere sollten sich Ostdeutsche gegen kulturelle Aneignung wehren. Das betrifft vor allem die Sprache, den Kaffee und den Körper.

Der Ossi lebt in einem Bundesland, das sich auf Mehl und nicht auf Meckern reimt. Also Meeehklenburg. Das Meckern – zum Beispiel in Form von MeckPomm – könnte in besonderen Sensibilitätskursen bearbeitet werden – zusammen mit Wessis, die Güstrow wie Gorbatschow aussprechen. Wer die slawische Endung -ow (zum Beispiel Ducherow, Grambow, Kummerow, Lützow) nicht tonlos artikuliert (Güstro), demonstriert krass seine kulturelle Ignoranz.

Der kulinarische Test zur Unterscheidung von fremd und einheimisch funktioniert am besten mit Kaffee. Kernige Mecklenburger und Vorpommern trinken ihren Kaffee türkisch: gemahlenen Kaffee (nie Instant!) in einen steilwandigen größeren Becher geben, kochendes Wasser aufgießen, kurz warten, gegebenenfalls Zucker und Milch zufügen, umrühren, wieder kurz warten, bis sich der Kaffeesatz komplett abgesetzt hat, dann genießen. Schmeckt hier besser als jeder Kaffee aus einer 900 €-Maschine. Der Fremde dagegen gerät in Panik. Er fürchtet – und schafft es auch gelegentlich –, den Kaffeesatz in den Mund zu spülen.

Der unerfahrene Tourist ist außerdem daran zu erkennen, dass er sich wandernd oder radelnd der Illusion hingibt, in einem 10- oder 20-km-Umkreis eine Tasse des koffeinhaltigen Heißgetränks erwerben zu können. Lebenstüchtige Einheimische führen vorsichtshalber eine Thermosflasche mit.

Zumindest in den älteren Jahrgängen ist West und Ost gut beim Baden zu unterscheiden. Während der von amerikanischer Prüderie verdorbene Badewillige nach der Umkleidekabine sucht, entledigt sich der DDR-geprägte Naturmensch seiner Kleidung, wo auch immer das Wasser lockt, um hüllenlos den Sommer oder auch das Eisbaden zu genießen. Die Freikörperkultur (▶ Nackte) gehörte schließlich zu den erfreulichen Freiheiten, die das Volk gegen die DDR-Herrschaft durchsetzen konnte.

25 Jahre Deutsche Einheit

Zepelin

- Gemeinde im Landkreis Rostock, Postleitzahl 18246
- Zeppelin, Starr-Luftschiff
- Zeppelin-Konzern
- Zeppelin-Stiftung
- Zeppelin-Universität
- Zeppelin, Musical
- Led Zeppelin, britische Rockband

MV

D ie Zeppelin-Liste ließe sich fortsetzen – bis hin zu diversen Sex-spielzeugen. Zeppelin ist eine internationale Marke mit einem faszinierenden Nimbus – eigentlich Abglanz eines längst untergegangenen Fluggeräts.

Schöpfer der Marke ist der württembergische Kavallerie-General Ferdinand Graf von Zeppelin. 1838 in Konstanz geboren, lebte er bis 1917. Stationen in Mecklenburg sind nicht dokumentiert.

Den Kavalleristen bewegte ein Thema, das seit September 1783 in der Luft lag, und zwar in Gestalt der Montgolfiere. Damals ließen die Brüder Montgolfier ihren Heißluft-Ballon mit Besatzung – nämlich einem Hammel, einer Ente und einem Hahn – unter den Augen des Königs in den Himmel von Versailles steigen. Die Ballons wurden immer besser, aber zwei Herausforderungen blieben: Wie konnte man nicht nur Auftrieb, sondern auch Antrieb schaffen und wie konnte man diesen steuern?

Der Zeppelin steht am Ende einer langen Reihe von Versuchen mit Formen und Antrieben. Zuletzt hatte der Ungar David Schwarz mit dem Geld der Deutschen Reichsregierung ein 38 Meter langes Aluminium-Luftschiff gebaut. Im November 1897 absolvierte es seinen Jungfernflug auf dem Tempelhofer Feld in Berlin. Die vielen Gäste von Medien und Militär sahen einen erfolgreichen Flug – mit einer Bruchlandung. Schwarz war noch vor dem Test der Nikotinsucht erlegen, von der Witwe erwarb Zeppelin dessen Patente.

Der erste Zeppelin des Grafen mit 128 Metern Länge startete im Juli 1900 – direkt aus der schwimmenden Montagehalle auf dem Bodensee bei Friedrichshafen. Das für den Zeppelin charakteristische Starr-Luftschiff mit einem stoffüberzogenen Gerippe endete in einer Notlandung. Zwei weitere Aufstiege waren erfolgreich, aber geschäftlich war Zeppelin am Ende. Er musste den Prototyp zerlegen und die Reste zu Geld machen.

Mit Hilfe eines Lüdenscheider Unternehmers gelang ihm 1905 ein neues Luftschiff, das aber seine zweite Fahrt nicht überlebte. Der gerettete Rest wurde in einem dritten Luftschiff verbaut. Dies wurde vom kaiserlichen Heer gekauft und bewährte sich in fünf Betriebsjahren. Auch den nächsten Zeppelin wollten die Militärs, wenn er sich für eine 24-Stunden-Fahrt eignete. Bei der entscheidenden Testfahrt ging das riesige Teil schließlich in Flammen auf.

Damit hätte man es bewenden lassen können. Aber Zeppelin steht offenbar für das Prinzip Stehaufmännchen oder „besser scheitern". Jedenfalls rief der Misserfolg so viel Anteilnahme auf den Plan, dass bei einer „Zeppelin-Spende des deutschen Volkes" innerhalb von gerade mal vier Monaten die damals riesige Summe von über 6 Millionen Mark zusammenkam. Das war im deutschen Kaiserreich die größte freiwillige Spendenaktion. Der Graf gründete damit 1908 als ein Stiftungsunternehmen die Luftschiffbau Zeppelin GmbH. Sie existiert noch heute.

Passagier- und Militär-Zeppeline glänzten in den Folgejahren durch Erfolge und Rekorde ebenso wie durch Pannen. Erst die Lieferung eines Zeppelins für die USA 1924 leitete seine Blütezeit als globales Verkehrsmittel ein. Neben diesen fliegenden Luxuslinern mit allem Komfort wirken heutige Passagierflugzeuge erbärmlich. Riskant blieben sie allerdings. Aufgrund von US-Sanktionen, aber wohl auch aus Kostengründen, musste der Zeppelin mit hoch entzündlichem Wasserstoff statt des unbrennbaren Helium-Gases gefüllt werden. Das führte schließlich zur Katastrophe von Lakehurst 1937. Die „Hindenburg", das größte Luftschiff der Welt, fing dort bei der Landung Feuer. 35 Menschen starben. Damit war das Schicksal der Zeppeline besiegelt, zumal die Propeller-Flugzeuge enorme Fortschritte machten.

Aber „besser Scheitern" galt auch für das geschäftliche Stehaufmännchen Zeppelin. Am Ende steht heute ein Zeppelin-Konzern mit 10.000 Mitarbeitern und fast 5 Milliarden € Umsatz. Das ist der kleinere Part im Zeppelin-Reich. Der größte heißt ZF AG, eine 1915 gegründete Zuliefer-Tochter. Das Z im Namen erinnert an Zeppelin, steht aber für Zahnradfabrik Friedrichshafen. Die ZF beschäftigt heute weltweit 165.000 Menschen und macht einen Umsatz von 44 Milliarden €. Sie gehört zu 93,8 % der Zeppelin-Stiftung. Die nennt auch den Zeppelin-Konzern und natürlich die nur wenige Millionen schwere Luftschiffbau Zeppelin GmbH von 1908 ihr Eigen.

Dieses zweitgrößte deutsche Industrievermögen in Stiftungsbesitz – nach Bosch – hat sich 1947 die Stadt Friedrichshafen gesichert. Die Zeppelin-Stiftung ist seitdem eine unselbstständige Treuhand-Stiftung in der Stadtverwaltung. Damit kann sich Friedrichshafen all das leisten, wovon andere Städte nur träumen können.

Nur träumen können auch die knapp 500 Einwohner der Gemeinde Zepelin ganz in der Nähe der mecklenburgischen Kleinstadt Bützow, die vor allem durch ihr Zuchthaus bekannt ist. Womit kann der Ort Zepelin punkten? Keine Unternehmen von Bedeutung, aber die Lage am Güstrow-Bützow-Kanal, eine gut restaurierte Ständerholländermühle aus dem 19. Jahrhundert und – Überraschung! – der 1910 errichtete Zeppelin-Gedenkstein. Er befindet sich nicht im Dorf, sondern im Forst ganz in der Nähe von Wolken. So heißt der Nachbarort wirklich.

Die Power eines einzigen „P" macht den Unterschied. Am Anfang dieses kleinen Unterschieds mit großer Wirkung stand der Dicke Friedrich, wie der spätere König von Württemberg genannt wurde. Nach der Erbfolge zunächst chancenlos, hatte sich Friedrich Wilhelm Karl von Württemberg als Generalleutnant bei Katharina der Großen in Russland verdingt.

Auch im Mecklenburger Adel galt, dass die jüngeren Kinder ohne das große Erbe ihr Auskommen auf dem europaweiten Arbeitsmarkt der Offiziere und Ministerialen bei fremden Herren zu suchen hatten. Im Falle der Weiblichkeit ging es darum, eine gute Partie zu machen oder das Leben in einem evangelischen Damenstift wie Dobbertin, Malchow oder Ribnitz standesgemäß zu verbringen.

Diese Sitte wurde auch in der Familie von Zepelin gepflegt. Erstmals 1286 mit dem Namen ihres Lehens Zepelin erwähnt, verlegte der Clan seinen Sitz schon am Ende des Mittelalters nach Appelhagen bei Teterow.

Der 1766 geborene Johann Karl von Zepelin war das fünfte von 13 Kindern und brauchte eine Versorgung. Er wurde Page, ein adliger Jungdiener, am Schweriner Herzogshof. Der Adelsjunge war gerade 16 Jahre, als der Württemberger Friedrich in Schwerin zu Besuch war und sich in den Jungen verknallte. Spontan bat der 2,11 m große Prinz den 16-jährigen, ihn nach Russland zu begleiten. Dort hatte er in Cherson das Kommando über eine Armee der Zarin. Zepelin folgte und wurde umgehend zum Leutnant befördert.

Für eine Zeit, in der öffentliches *coming out* noch tabu war, wurde doch sichtbar, dass die beiden jenseits ihrer Ehen ein unzertrennliches Paar bildeten. Gemeinsam bereisten sie Europa und Zepelin galt als Stimmungsaufheller des jähzornigen und gewaltgeneigten Prinzen. Als die

Thronfolge 1790 überraschenderweise doch für Friedrich absehbar wurde, stand Zepelins Aufstieg nichts mehr im Wege. 1792 wurde er mit doppelten P zum erblichen Reichsgrafen geadelt. War das ein Kanzleifehler oder Absicht? Und machte das Doppel-P etwas besser? Klang es nicht eher nach Seppel und zappelig?

Der schließlich 200 Kilo fassende dicke Friedrich förderte nicht nur Zepelins Karriere, er pflegte auch den offenbar kränkelnden Freund bei Bedarf. Zeppelin wiederum suchte für Friedrich die zweite Gattin aus. Als der Prinz 1797 den Thron bestieg, war eine seiner ersten Amtshandlungen die Bestellung des Mecklenburger Freundes zum Regierungschef. Eine Aufgabe, die der frische Graf angesichts widriger Zeiten zwischen Napoleon und den alten Mächten offenbar mit Bravour absolvierte. Der Herzog dankte ihm mit tausenden Gulden.

Aber im Alter von nur 35 Jahren erlag Zeppelin 1801 einem Fieber. Der Herzog ließ ihm in Ludwigsburg ein Mausoleum mit Prunksarg errichten, an dem im Stil einer griechischen Göttin die „trauernde Freundschaft" lehnt. Neben Zeppelin war der Platz für Friedrichs Sarkophag reserviert. Zeppelins Kinder wurden vom Königspaar in Pflege genommen und reich beschenkt.

Schon zwei Monate nach Zeppelins Tod trat sein jüngerer Bruder Ferdinand Ludwig nun auch mit Doppel-P in den Dienst Württembergs. Auch er machte eine steile Karriere bis hin zum Staats- und Kabinettsminister. Erfolgreich lavierte er in den napoleonischen Kriegen und sorgte dafür, dass Württemberg zum Königreich befördert wurde und beim Wiener Kongress 1814/15 auf der Seite der Sieger saß. Wer weiß, ob es heute überhaupt ein Baden-Württemberg ohne die beiden Mecklenburger gäbe?

Der Enkel des jüngeren Zeppelin war dann schließlich der berühmte Kavallerie-Graf der Lüfte.

Die Familie Zepelin mit Einfach-P ist mittlerweile über die Welt verstreut. In Erinnerung an ihre Wurzeln in Appelhagen hat sie 2022 die Zepelin-Stiftung Appelhagen gegründet. Mit überschaubaren Beträgen soll sie regionale Projekte und Engagements unterstützen. Auch beim Stiftungskapital macht das „P" den Unterschied zwischen der Mecklenburger Mücke und dem Friedrichshafener Elefanten.

Zu erwähnen bleibt ein Blei-Zeppelin, der 1968 startete. So nannte sich damals eine britische Rockband in Erwartung ihres Absturzes. Tatsächlich hat Led Zeppelin – ohne Verbindung zu Ort oder Familie gleichen Namens – mit 300 Millionen verkauften Alben Weltruhm erlangt.

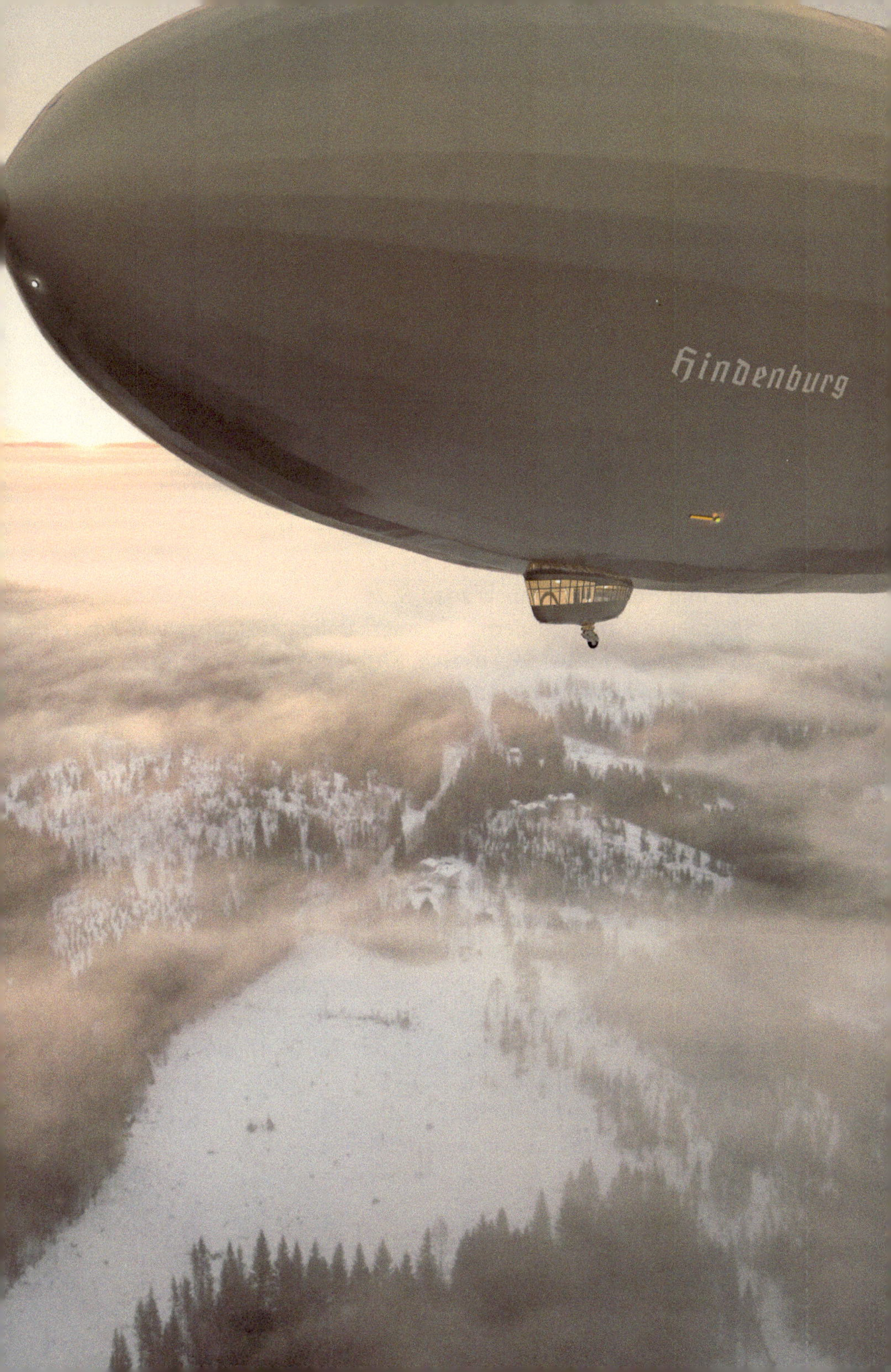
Hindenburg

Zitatnachweis

1 Rudolf Habs/Leopold Rosner: Appetitlexikon. O.O. 1982 (Nachdruck der Ausgabe von 1894), S. 366

2 Jan Gorkow: Monchi niemals satt: Über den Hunger aufs Leben und 182 Kilo auf der Waage. Köln 2022

3 Jüngst Raffelhüschen, Bernd: SKL-Glücksatlas 2023. München 2023

4 https://www.madsen-waehlen.de/programm/

5 Kant, Immanuel: Grundlegung zur Metaphysik der Sitten. Frankfurt und Leipzig 1794, S. 46

6 Zitiert nach Wolf Karge: Professor, Kuhhirt, Hochverräter. Heinrich Hoffmann von Fallersleben 1844 bis 1848 im mecklenburgischen Buchholz und Holdorf. Buchholz 2020, S. 20

7 So Lilienthal 1894 an den Reichstagskandidaten Moritz von Egidy, zitiert nach Dr. Bernd Lukasch, Otto-Lilienthal-Museum Anklam: https://www.lilienthal-museum.de/olma/fest.htm

8 Gustav Hempel: Geographisch-statistisch-historisches Handbuch des Mecklenburger Landes. Güstrow 1837, S. 115

9 Goethe, Johann Wolfgang von: Faust. Der Tragödie zweiter Teil. Stuttgart 1832, S. 254

10 Zitiert nach Edmund Schröder: Mein Mecklenburger Land. Bild einer deutschen Landschaft. Schwerin 1957, S. 26f.

11 Karl Streckfuss: Neuere Dichtungen, Halle 1834, S. 57f.

12 Frieda Ritzerow: Mecklenburgisches Kochbuch. Rostock 1868, S. 226f.

13 Wolfgang Hug: Von Badischen und Unsymbadischen: Eine heitere Landeskunde. Stuttgart 2012

14 Sommer, Sonne, Nackedeis. FKK in der DDR. Zusammengestellt von Thomas Kupfermann. Berlin 2008

15 Zitiert nach Reinhard, Wolfgang: Lebensformen Europas. Eine historische Kulturanthropologie. München 2004, S. 64

16 https://de.wikipedia.org/wiki/Zwickelerlass

17 Ebenda

18 Zitiert nach Friedrich der Grosse und die Mark Brandenburg: Herrschaftspraxis in der Provinz. Hg. Frank Göse. Berlin 2012, S. 187

19 Ludwig Biewer: Bismarcks Pommern. In Otto von Bismarck und das „lange 19. Jahrhundert". Hg. Ulrich Lappenküper. Paderborn 2017, S. 680

20 Alfred Brehm: Brehms Tierleben. Zweite Abtheilung – Vögel. Fünfter Band, Nr. 23: Pirole. Leipzig 1879

21 Loriots Festreden. CD. Deutsche Grammophon Literatur. o.O. o.J.

22 Fontane, Theodor: Schach von Wuthenow. Leipzig 1883, S. 2

23 Zitiert nach Daniel Faustmann unter Mitarbeit von Henning und Detlev Werner von Bülow: Vierzehn Kugeln auf Blauem Schild. Die Bülows in der Geschichte. Hg.v. Bülowschen Familienverband e.V.. Schwerin 2014, S. 80

24 Quelle: Bundesarchiv Pers. 6/265636

25 Faustmann, Kugeln, S. 96

26 Zitat von 1885 in Katharina von Hammerstein: Frieda von Bülow. In FemBio. Frauen. Biografieforschung.
www.fembio.org/biographie.php/frau/biographie/frieda-von-buelow/

27 Bernd Kasten: Alles 50 Jahre später? Die Wahrheit über Bismarck und Mecklenburg. Rostock 2013

Bildnachweis
Pixabay, Freepik

Der Autor
Dr. Wolf Schmidt wurde 1952 in Warin/Mecklenburg geboren. Er lebt in Dobin am See. Der studierte Historiker hat mehr als vier Jahrzehnte in und für Stiftungen gearbeitet und zahlreiche Beiträge zu historischen, kultur- und gesellschaftswissenschaftlichen Themen veröffentlicht. Unter anderem „Luxus Landleben – Neue Ländlichkeit am Beispiel Mecklenburgs" (2017).

Mehr unter www.dr-wolf-schmidt.de

Herausgeber

Die gemeinnützige Mecklenburger AnStiftung setzt seit 2005 mit bürgerschaftlichen Initiativen Impulse, um Mecklenburg-Vorpommern als lebendiges und zukunftsfähiges Gemeinwesen zu entwickeln. Ihre Satzungszwecke umfassen unter anderem Bildung und Erziehung, Wissenschaft und Forschung, Kunst und Kultur, Umwelt-, Landschafts- und Denkmalschutz, Brauchtum und Heimatpflege sowie Förderung des bürgerschaftlichen Engagements.

Operative Schwerpunkte sind zurzeit die Förderung demokratischer Kultur in der Schule, die Entwicklung einer Neuen Ländlichkeit sowie kulturelles Engagement.

Die Mecklenburger Anstiftung lädt ein zu ehrenamtlicher Mitarbeit, Zustiftungen und Spenden.

Mehr unter www.anstiftung-mv.de und www.landblog-mv.de

Podcast

Die hier abgedruckten Beiträge und weitere Episoden sind als Podcast hörbar und abonnierbar.

Mehr unter www.das-andere-mecklenburg-vorpommern.de

Danksagungen

Dieses Buch wäre nicht entstanden ohne vielerlei Hinweise, Anregungen und Ermutigungen. Der Autor dankt besonders Dürten Fuchs, Dr. Susanne Petersen, Dr. Günther Kosche, Klaus-Michael Rothe. Ohne Dr. Sebastian Kalden gäbe es keine Druckfassung, ohne Andreas Fritz-Bleßmann keine Audio-Fassung; das möchte der Autor besonders würdigen.